국선도 무예 교본

국선도 무예 교본

펴낸날 | 1판 1쇄 2009년 11월 15일
1판 2쇄 2025년 3월 15일

편저자 | 청원 박진후
편집인 | 이정구
촬 영 | 최형범
출 연 | 강태양, 김용남, 이교행, 이상운, 이장래, 이희중, 전병삼

펴낸이 | 김지혜
펴낸곳 | 나무와달
등록 2009년 11월 5일(제408-2009-000006호)
전화 031-656-2608 팩스 070-4142-2608
이메일 treemoonpub@gmail.com
SNS @treemoonpub

ISBN 978-89-963716-0-1 93690
값 48,000원

© 박진후, 2009

국선도 수련 및 교본 판매 문의 | 國仙道武藝協會 Kouksundo Martial Arts Association 031 · 861 · 7707

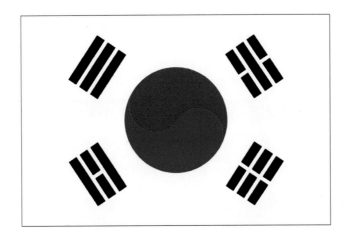

訓

正 正 正 正 正
行 道 覺 視 心

空眞

調身　　正體　　眞體

調息　　正息　　眞息

調心　　正心　　眞心

爲 靑山人

편저자의 스승이신 청산 선사

청산 선사

청원 박진후

1967년 6월 10일 광릉에서 청산 스승과 함께한 편저자(가운데)

국선도 초기 시범 모습. 청산 스승과 활동했던 제자
신력사 박진후, 태력산 김종무, 철선녀 김단화

1970년대 초 제자들의 국선도 초기 시범 활동 모습
(신력사 박진후, 태력산 김종무, 철선녀 김단화)

청산 선사

1970년대는 국선도가 세상에 널리 알려진 시기로
청산 선사의 시범뿐만 아니라 강연 자리도 자주 마련되었다.

정신문화연구원, 공무원연수원, 내무부연수원, 삼군사관학교 등에서도
국선도 강의 및 수련을 펼치신 청산 선사

국선도 초창기 시절 제자 및 수련자들과 함께한 청산 선사

국선도 초창기 시절 편저자 및 수련자들과 함께한 청산 선사

국선도 정통 내외공 수련법을 성실히 계승, 보존, 전수해가는 국선도무예협회의
제1~2회 승단심사 및 자격증 수여식

2009년 국회 동심한마당축제에서 선보인 국선도 산중 무예,
시연자들과 함께한 청원 박진후 총재

2009년 한국무술총연합회가 주최한 제3회 전국무예대제전에 출전한 국선도무예협회

위 | 수련자들과 함께한 청원 박진후 총재
아래 | 국선도무예협회 사무처 개소식 기념

발간사

《국선도 무예 교본》을 펴내며 발간사를 쓰는 지금, 문득 45년 전 열여섯의 제 모습이 떠오릅니다. 경기도의 한 시골 중학교에 다니며 천방지축 뛰어다니던 그때, 동네 또래 친구의 삼촌인 청산 사부님과 인연이 닿아 국선도에 입문하게 되었지요. 숨을 들이마시고 내쉬는 것만으로도 훌륭한 운동이 되며 계속 수련을 더 해나가면 책에서나 접할 법한 힘을 얻는다는 이야기에 사부님을 따라나선 길이 오늘 여기에 이르렀습니다.

인생의 여정은 호흡의 여정이라는 말이 있습니다. 들이마시고 내쉬는 이 단순한 리듬 속에 맑고 밝은 우주의 원천, 밝의 대생명력이 자리합니다. 호흡을 통해 몸과 마음의 건강, 기운의 조화를 추구하며 우리 국선도인은 생명의 도道, 생활의 도道를 실천해갑니다. 돌이켜보면 모든 것이 한 호흡이지만 이 한 호흡 속에는 수를 헤아리기 어려운 인연과 사연들이 존재합니다. 인생의 파고波高라 할 만한 그것을 호흡의 중요성을 알고 호흡과 더불어 살아온 이들이라면 충분히 수련의 미美로 승화하셨겠지요. 그리고 이제 막 그 파고 속으로 몸을 들이민 이들에게라면 이 책의 의미는 더 각별해지리라 봅니다.

국선도 내공 단전호흡에 관해서는 이미 청산 사부님께서 책자를 통해 충실히 밝혀놓으시어 오늘날에도 유효히 읽히고 있습니다. 그러나 국선도 외공 무예에 관해서라면 사부님께서 남기신 필사본과 저희 수제자들에게 직접 가르쳐주신 몇몇 외공형을 제외하고는 세상에 알려진 바가 없어 후학들에게 안타까움이 컸을 줄로 압니다. 40여 년 전, 청산 사부님에 의해 산중에서 비전되던 국선도가 시중에 처음 소개되었을 때 저 신력사 청원과 사제 태력산 청화, 사매 철선녀 셋은 사부님의 지도하에 국선도 내외공의 진수를 직접 시범 보이며 단전호흡의 위력을 세상에 알렸습니다. 하지만 가시화된 도력道力에 대한 오해 및 오용이 확산되어가자 사부님께서 외공 수련을 일체 금하셨던 것이 오늘날에 와서는 국선도 외공(무예)의 존재성 자체가 잊혀져가는 지경에 이른 것입니다. 개인적으로 안타까움이 컸으나 그것이 한편으로 염원이 되어 이렇게 국선도 무예를 체계화하는 작업에 이르렀으니, 감회가 남다르다 하겠습니다.

《국선도 무예 교본》은 총 네 부분으로 이루어져 있습니다. 1장 〈단법과 운동〉에서는 옛 우리 선인들이 단전호흡에 들기 전에 행하던 몸 풀기 동작과 단전행공을 마치고 기운을 갈무리해주는 정리 동작, 그리고 몸속 장부 강화 운동 등을 사진을 곁들여 자세히 풀어놓았습니다. 이 동작들만 충실히 따라하셔도 몸이 유연해지고 강건해질 것입니다.

2장 〈기화법 기본 동작〉에서는 실제 기화형에 들어가기 전에 익혀야 할 무예의 기본들을 정리해놓았습니다. 국선도 무예는 서서히 동작을 취하다가 빨라지고 빨리하다가 또 느려지는 특색이 있으며 무엇보다 상대의 경혈經穴만 혈타穴打한다는 특징을 갖습니다. 이런 특징을 몸으로 잘 구현하기 위해서는 무엇보다 기마세 호흡 등을 통해 기본을 잘 닦아야 할 뿐만 아니라 인체에 대해서도 전문가 못지않게 관심을 가져야 할 것입니다. 타 무예를 닦으시는 분들에게도 매우 유익한 장이 되리라 봅니다.

3장 〈기화법〉에서는 국선도 무예 기화형 14개 형을 밝혀놓았습니다. 화중법和中法에서 묘공법妙功法까지 이 기화형들은 내공 단전호흡이 뒷받침되지 않고 기운을 축기하고 운기하는 법을 알지 못하면 제대로 구현하기 어려운 동작들이 많습니다. 실제 호흡 수련과 병행하여 형들을 익혀야만 그 참맛을 볼 수 있을 것입니다.

4장 〈기화 응용편〉에서는 호신護身을 위한 집타법, 일반인들도 무난하게 따라 할 수 있는 건강호흡행공법(노궁혈과 용천혈 밀기), 대한특공무술협회와 함께하는 국무형國武型 등을 소개하였습니다. 타 무예와도 무난히 조화를 이루는 국선도 무예의 일면을 보시게 될 것입니다.

극치의 체력, 강인한 정신력, 숭고한 덕력을 동시에 함양하여 전인적 인간상을 창출하는 국선도는 그 심원한 뜻을 면면히 지켜 가져온 우리 민족 고유의 심신 수련법입니다. 일만여 년의 역사 동안 민족정기, 민족정신의 모태로서 역할을 다해온 국선도의 전모를 알기에는 부족하겠지만 이 책이 디딤돌이 되어 더 발전된 수련 문화를 조성한다면 그 의의를 다한다 하겠습니다. 수행자는 수련으로만 말을 합니다. 국선도 내외공 수련은 정직합니다. 내가 익힌 만큼 내 몸으로 체득하는 순수한 수련이 국선도의 무예이며 밝돌법 수련입니다. 선대 열조님이 전하시고 스승인 청산 사부님이 전해주신 산중 수련의 진수를 저는 아낌없이 펼치려 합니다. 끝으로 이 책이 나올 수 있도록 애쓴 분들께 심심한 감사를 드리며 후학들의 정진을 기원합니다.

2009년 11월

청원 박진후

추천사

우리 모두에게 전해진 국선도를 회고해보면 산중에서 한 사람 한 사람 초대 제자 세 물방울이 모여 힘겹게 맨땅을 적시기 시작해 세상으로 내려와 작은 옹달샘이 되고 이제는 어엿한 물줄기가 형성되어 계곡을 가득 메우며 흐르기 시작하더니 어느 때부터인지 흐르는 물줄기를 가로막는 사심私心이라는 바윗돌로 인해 여러 곳으로 지류支流가 형성되는 가슴 아픈 현실을 바라보게 되었습니다.

이런 어려운 시기에 청원 선배님께서 어려운 용단을 내리시고 국선도무예협회를 창설하셔서서 각고의 산중 수련 가운데 체득하신 국선도 외공을 다시 사회에 모습을 드러내도록 총정리하셔서서 《국선도 무예 교본》을 발간하신다는 소식을 전해 듣고 초창기 외공을 지도하며 생겼던 폐단이 또 발생하지는 않을까 하는 노파심에 걱정이 앞서기도 합니다. 국선도 외공은 강한 파괴력으로 인해 한때는 사회에 적지 않은 소란을 일으켰었습니다. 사회 적응에 무리가 있는 무예라는 판단으로 전수를 금지해오다가 37년 만에 청원 선사님의 배려로 다시 세상에 알려진다는 사실만으로도 국선도 수련생들뿐만 아니라 타 무술인들 사이에서도 반 전설로만 여겨졌던 국선도 외공을 수련할 수 있게 된 것은 우리 모두가 큰 복을 받았다 볼 수 있습니다. 완전히 사장시키려던 국선도 일부 수련법이 온전한 형태를 이룰 수 있다는 것은 수련생들에게 행운이며 축복입니다. 그 긴 세월 동안 국선도 외공형을 잊지 않고 간직하셨다가 이번에 책으로 발간하시느라 흘리신 땀과 노고에 진심으로 감사의 마음을 전합니다.

국선도 외공은 아주 오래된 무예입니다. 그래서 현대 무술과 비교해서 원시적으로 보일 수도 있고 그 의미를 금방 알아차리기 힘들 수도 있습니다. 그러나 그것은 겉모습 형태만 보았을 때이고 이 외공형이 내공과 합쳐졌을 때는 무한한 힘을 발휘합니다. 내공의 힘이 뒷받침되면 오묘하고 깊이 있는 수련이 되며 어떤 무술보다도 강하고 세련된 동작으로 바뀝니다. 청원 선사님이 편찬하시는 무예 교본을 보시는 수련인들에게

당부합니다. 교본의 외공형만 보시고 국선도 외공을 판단하지 마시고 외공형과 함께 내공을 병행해서 균형 있고 조화로운 수련을 이루어가시길 바라며 국선도 외공은 무술이 아닌 무예임을 밝히 깨닫는 계기가 되어 이웃을 살리고 나라를 살리며 온 세상을 구활창생하는 데 쓰임 받게 되시길 기원합니다. 사심에 사로잡혀 배우시는 무술이 아닌 대의를 먼저 생각하시고 만물을 살리는 무예로서 강건한 육체 속에 깊숙이 뿌리내리는 우리 민족 전통 무예로서 내기內氣와 융합되어 펼쳐지는 웅대한 잠력潛力을 통해 필살必殺이 아닌 필생必生의 무예로 악한 자들을 심전선화시키는 도피성의 개념이 창출되길 진심으로 바랍니다.

　선배님께서 오랜 시간 은인자중하시며 국선도 외공을 정리하시고 편찬하신 외공형들을 보내주신 영상을 통해 바라보며 원형대로 잘 보존하시고 재연하시는 모습에 저로 하여금 자긍심을 갖도록 해주셨습니다. 이제부터 많은 사람들이 실제로 수련원에 나와 수련하고 연습해서 자신의 것으로 만들고 국선도 외공이 국선도 수련을 완전하게 만들어주는 나머지 부분이면서도 국선도 수련의 성공을 이루게 하는 커다란 동기를 부여하는 촉진제가 되어 국선도 한 줄기 원류를 따라 유유히 흘러가며 샛강으로 분파되었던 모든 국선도인들을 한 아름으로 끌어안을 수 있는 계기가 청원 선사님께서 발간하시는 《국선도 무예 교본》을 통해 이루어지는 쾌거가 있길 두 손 모읍니다. 이 책이 출판될 수 있게 고생하시며 노력하시는 모든 분들께 감사를 드리며 청원 선사님께서 펴내신 무예 교본만이 참이란 것을 알리며 고마운 마음을 전합니다.

단기 4342년 11월

청화 김종무

추천사

국선도는 우리 민족이 태동하면서부터 그 운명을 함께해온 심신 수련법입니다. 청산 사부님께서 우리에게 전수하신 국선도는 내공 수련과 외공 수련이 있는데, 그중 외공 부분을 신력사 선배님께서 결단을 가지고 정리를 하셔서 《국선도 무예 교본》으로 발간하신다고 하니 참으로 기쁘고 반갑습니다. 염려가 없는 것도 아니지만 한편으로 후학들에게 사부님으로부터 받으신 정통 수련법을 진실하게 전하시고 싶은 마음이 간절하시다는 것을 알기에 신력사 선배님께 고맙다는 말씀을 드립니다.

내공 부분은 사부님께서 어느 정도 밝혀놓아서 그에 관한 사부님의 저서들로 부족함을 채울 수 있었지만 외공 부분은 미미하여서 풍문으로만 듣던 후학들은 그동안 안타까움이 가득했을 것입니다. 그러나 이제 신력사 선배님께서 국선도무예협회를 창설하시어 산중 수련의 각고 끝에 체득하신 수련법을 밝히시니 수련에 대한 열망이 큰 후학들에게는 크나큰 배려라 생각됩니다.

40여 년 전 국선도를 만난 때를 돌이켜보면 어려운 생활 여건에서 강건치 못한 심신으로 여성이면서도 그 힘들었던 수련을 어떻게 이겨냈나 싶습니다. 험난하고 예기치 못한 상황에서도 국내외에 시범을 보이며 국선도를 알리기 바빴던 그 시절, 우리 민족의 전통 수련법 국선도를 수련하지 않았다면 심신의 건강과 안정은 물론 차원 높은 수련의 오묘함을 체득하지 못하였을 뿐만 아니라 강도 높은 어려운 시범들을 무난하게 해내지 못하였으리라 생각됩니다.

그 시절 저는 청산 사부님의 가르침 하에 신력사 청원 선배님과 태력산 청화 선배님 두 분과 함께 고행의 수련길을 걸었습니다. 산중에서 두 분 선배님과 함께 체득해가던 내외공 수련의 시간이 꿈결처럼 느껴지는데, 순수하게 수련하던 그때 그 시절의 열정이 신력사 선배님에 의하여 사부님의 가르침 그대로 진실하게 체계적 형태로 전해지게 되었으니 감회가 남다르다 하겠습니다. 사부님께서는 저를 철선녀鐵扇女라고

부르시면서 국선도를 널리 알리고자 국내외 시범에 많이 내보내셨는데, 두 분 선배님과 함께 수련하며 시범을 함께했던 그때가 하늘로부터의 사명을 받아 국선도를 알리는 통로자 역할을 미미하게나마 행하던 시간들이 아니었나 생각됩니다.

사부님께서는 "도라는 건 자기가 조작해서 가르치는 것이 아니다"라는 점을 누차 강조하셨습니다. 또한 국선도 외공은 내공이 이루어진 정도의 반영이라시면서 내공과 외공이 조화를 이루는 수련을 당부하셨는데 내공의 축기蓄氣와 외공의 기화氣化로 생각하면 의미를 알 것이라고 말씀하셨습니다. 여러 후학들께 이 점 다시 강조하면서 《국선도 무예 교본》이 국선도 수련의 참 지침서가 되리라는 점을 아울러 말씀드립니다. 이 책이 발간되도록 고생하신 모든 분들께 감사를 드립니다.

2009년 11월

철선녀 김단화

국선도

국선도는 상고시대上古時代부터 전래해온 우리 민족 고유의 심신 수련법입니다. 문자文字로 선단仙丹을 하는 것이 아니고 살아 있는 인간 생명체로서 직접 보고 듣고 지도를 받아 실행하여 체득體得만이 있는 수련법으로 상고시대부터 신선사상神仙思想의 형태로 전해져온 것입니다. 우리 민족의 생활 과정을 문헌을 통해 살펴보면 고대 신관神官들이 입산入山 수도修道하였음을 알 수 있는데 그들을 일러 신선神仙이라 하였습니다. 이때 '선仙' 자에서 '뫼 산(山)' 자가 쓰인 것은 산이 높으므로(高) 하늘과 가장 가깝다는 생각에서였습니다. 이는 제천祭天 또는 경천사상敬天思想에서 발생한 것이며 상고시대에 우리 민족은 사상으로 선적仙的인 생활화를 이루었다고 볼 수 있는 것입니다. 신관이 아닌 사람도 입산하여 선仙의 도법을 닦으면 선인仙人이 되는 수가 많았고 그들의 최종 수행修行은 숨을 고르는(調息) 법, 즉 단리丹理 수행이었습니다. 경천사상을 품었던 그들은 하늘과 통하고 있는 공기를 많이 마시며 조화를 이루면 하늘과 상통相通한다고 여겼던 것입니다. 그리하여 기공호흡氣孔呼吸은 물론 전신의 기를 유통하는 법까지 체득하게 되어 자연과 상통하는 문이 열리고 기적이 일어나 성도成道를 하게 되었고 비전秘傳으로 구전심수口傳心授하게 된 것이며 고증考證 없이 실증實證으로서 산 역사는 흐르는 것입니다.

국선도는 천기도인天氣道人으로부터 환인桓因, 환웅桓雄, 단군檀君, 영랑永郎, 물계자勿稽子, 최고운崔孤雲, 청학진인靑鶴眞人, 운학도인雲鶴道人, 무운도인無雲道人, 그리고 청운도인靑雲道人에 이르러 전수되다 현대에 들어와 그의 제자인 청산靑山 선사에 의해 1967년에 세상에 다시 알려지게 되었습니다. 청산 선사는 초창기에 국선도를 보급하기 위해 세 명의 제자를 두어(신력사 박진후, 태력산 김종무, 철선녀 김단화) 국내외로 많은 시범을 보여 알렸고 그들로 하여금 국선도를 지도, 보급케 하였으며 후로 많은 지도자들이 배출되어 국민 건강 증진 및 국가 차원의 인재 양성 교육으로 자리 잡으며 오늘날에 이르고 있습니다.

국선도는 변천 과정에서 붉, 순, 사이, 숨, 선인, 천기도 등으로 불렸고 후에 산에 들어간다 하여 선인이라 하고 진리眞理의 법을 닦는다 하여 선도법이라 하였습니다. 붉도, 현묘지도玄妙之道, 신선도神仙道, 풍류도風流道, 풍월도風月道, 국선國仙, 화랑도花郞道, 단기법丹氣法, 단도丹道, 밝돌법, 정각도正覺道 등 다양한 명칭으로 우리 민족과 함께해온 국선도는 인간의 건강과 안정을 위해 직접 행공行功하여 우주의 정精이 단전丹田에 집적集積되게 하여 기장신명氣壯神明하게 되는 법입니다. 국선도는 또한 양생지도養生之道이며 양기법養氣法으로서 극치적 체력體力, 극치적 정신력精神力, 극치적 도력道力과 덕력德力을 아울러 수련하는 전인적全人的 인간 수련에 서 있는 우리 민족 고유의 심신 수련법입니다.

국선도 수련 체계는 정각도正覺道 3단법, 통기법通氣法 3단법, 선도법仙道法 3단법 총 3단계 9단법의 내공內功 수련과, 기화용법氣化用法, 학우도鶴羽刀, 살활법殺活法의 외공外功 수련으로 이루어져 있습니다. 내공 수련이 충익充益해야 외공의 기화氣化로 발현된다는 것을 명심하고 수련에 임해야 합니다.

국선도는 종교적이라기보다는 과학적이고 체계화된 실질적인 수련법으로 자신이 직접 체득, 체지체능體智體能하여서 심신의 건강과 안정을 도모합니다. 오늘날 현대 의학의 눈부신 발달로 생명이 연장되고 여러 질병들이 치료되고 있으나 문명의 발달로 생명 스스로가 갖고 있는 면역 기능은 오히려 약화되고 강한 질병이 창궐하는 현실입니다. 인간 스스로가 현대 의학과 아울러 자신의 주어진 생명력을 보존, 유지, 강화해서 질병을 예방하고 심신의 건강과 안정된 참 삶을 영위하려면 체계적이고 실증적이며 과학적인 국선도 수련을 생활 속에서 함께할 때 영생의 길이 열릴 것입니다. 🜊

국선도 수련 체계

◉ **내공(호흡)**

정각도	중기中氣	육체적	음陰
	건곤乾坤		
	원기元氣		
통기법	진기眞氣	정신적	양陽
	삼합三合		
	조리造理		
선도법	삼청三淸	합실	합合
	무진無盡		
	진공眞空		

◉ **외공(무예)**

기화용법	기화팔법氣化八法 외 24형
학우도	보운검保雲劍 외 31형
살활법	투락投落 외 15형

◉ 국선도 수련 과정

給表		道		修鍊		外功		
內	外	服	帶	其間	過程	氣化用法	鶴羽刀	殺活法
六眞	6 JEN	自由	自由		眞空			
五眞	5 〃	〃	〃		〃			
四眞	4 〃	〃	〃		無盡			
三眞	3 〃	〃	〃		〃			
二眞	2 〃	〃	〃		三淸			
一眞	1 〃	〃	〃		〃			
十五地	37 JEE	白衣	白		造理			
十四地	36 〃	〃	〃		〃			
十三地	35 〃	〃	〃		〃			
十二地	34 〃	〃	〃		〃			
十一地	33 〃	〃	〃		〃			
十地	32 〃	〃	〃		〃			
九地	31 〃	〃	〃		三合			
八地	30 〃	〃	〃		〃			
七地	29 〃	〃	〃		〃			
六地	28 〃	〃	〃		〃			
五地	27 〃	〃	〃		〃			
四地	26 〃	〃	〃		〃			
三地	25 〃	〃	〃		〃			
二地	24 〃	〃	〃		〃		心匕法	
一地	23 〃	〃	〃		〃	水氣法	匕氣法	
十智	22 〃	〃	墨		眞氣	松月法	飛劍法	
九智	21 〃	〃	〃		〃	雪梅法	天劍法	
八智	20 〃	〃	〃		〃	天馬法	投弓法	
七智	19 〃	〃	〃		〃	結金法	投雙法	
六智	18 〃	〃	〃		〃	飛氣法	飛單法	
五智	17 〃	青衣	〃		〃	土氣法	飛圓法	獸用法
四智	16 〃	〃	〃		〃	天氣法	投槍法	水殺
三智	15 〃	〃	〃		〃	地氣法	投匕法	金殺
二智	14 〃	〃	〃		〃	飛上法	神劍法	土殺
一智	13 〃	〃	〃		〃	花春法	心劍法	火殺
六煉	12 〃	〃	青	3	元氣 28~30	春馬法	無匕法	木殺
五煉	11 〃	〃	〃	3	〃 25~27	陽火法	鶴羽扇法	活水
四煉	10 〃	〃	〃	3	〃 22~24	白火法	飛刀法	活土
三煉	9 〃	〃	〃	3	〃 19~21	雪中法	弓刀法	活火
二煉	8 〃	〃	〃	3	〃 16~18	妙功法	保劍法	活木
一煉	7 〃	〃	赤	3	〃 13~15	結丹法	雙刀法	力飛
六修	6 〃	〃	〃	3	〃 10~12	躍天法	針刀法	打攝
五修	5 〃	〃	〃	3	〃 7~9	躍上法	單劍法	投攝
四修	4 〃	〃	〃	3	〃 4~6	飛龍法	雷烈槍	佈飛
三修	3 〃	〃	〃	3	〃 1~3	虎進法	火烈槍	打落
二修	2 〃	〃	黃	3	乾坤	春飛花	金烈槍	投落
一修	1 〃	〃	〃	3	〃	龍春花	氷忠棒	
九象	9 SANG	〃	〃	3	〃	龍馬花	霜忠棒	
八象	8 〃	〃	白에 黃一線	3	中氣後	宇形法 無形法	雪忠棒	
七象	7 〃	〃	〃	3	〃	氣形法 通形法	天元劍	
六象	6 〃	〃	〃	3	〃	下形法 宙形法	飛元劍	
五象	5 〃	〃	〃	3	〃	道形法 上形法	正元劍	
四象	4 〃	〃	白	3	中氣前	圓象法 回象法	保飛劍	
三象	3 〃	〃	〃	3	〃	天象法 地象法	保正劍	
二象	2 〃	〃	〃	3	〃	足象法 五象法	保雲劍	
一象	1 〃	〃	〃	3	〃	正象法 手象法		
無象	MU SANG	〃	〃	1	기초 呼吸	기초	기초	

국선도 무예 교본 | 차례

運動

丹法

단법과 운동

국선도 수련은 내공內功 호흡 수련과 외공外功 기화법 수련이 있다. 이중 내공 수련은 정각도正覺道(중기中氣 · 건곤乾坤 · 원기元氣), 통기법通氣法(진기眞氣 · 삼합三合 · 조리造理), 선도법仙道法(삼청三淸 · 무진無盡 · 진공眞空) 세 과정으로 이루어지며 각각 3단법丹法으로 구성돼 모두 9단법의 수도修道 단법(내공)이 있고 외공 수련도 기화용법氣化用法, 학우도鶴羽刀, 살활법殺活法이 있다. 각 단법의 수도 행공行功 전후에는 몸을 바르게 잡아주는 정체운동正體運動(준비운동準備運動 · 정리운동整理運動)을 해주며 몸속을 더욱 강화해주는 장부운동臟腑運動(내기전신행법內氣全身行法 · 천신화행법天身和行法)도 함께 행한다. 준비운동과 정리운동은 선인仙人들께서 오랜 세월 산중고행山中苦行으로 체득하여 자연의 도리道理와 인체의 생리生理에 합치되도록 구성한 기혈氣血 순환법循環法이자 기혈 유통법流通法이기에 동작, 구성, 호흡 방법, 마음 자세 등에서 일반적인 근골 운동과는 현격히 다르다. 따라서 동작을 변형하거나 순서를 바꿔 행하게 되면 본래의 효과를 얻어 갖지 못하니 한 동작 한 동작 성심誠心으로 공을 들여 해나가야 한다.

1. 기혈순환유통법氣血循環流通法

가. 준비운동準備運動

국선도 수도修道의 준비운동은 첫째 예禮를 갖추고 몸에 준비 동작을 하겠다는 것을 알리고, 다음으로 손발의 음양陰陽 조화를 이루고 서서히 숨쉬기와 동작을 맞추고 난 다음에 기근氣根인 머리 동작을 가운데 하고 다시 숨쉬기와 동작을 취하는데 이는 모두 천지리天地理의 음양 조화에 맞추려는 것이다. 그 시작과 끝이 그릇되지 않게 몸을 골고루 움직여서 항시 고르고 바르게 조신調身과 정체正體가 되도록 한다. 준비운동은 음양오행陰陽五行에 기초를 두고 음선양후陰先陽後의 원리에 의해 동작 하나하나의 순서에 따라 천지天地 조화造化가 더불어 작용하도록 천천히 숨쉬기에 맞춰 한 동작 한 동작 행해야 한다. 동작의 실천이 중요하며 조신調身과 정체正體가 되도록 하고 조심調心과 정심正心, 조식調息과 정식正息 또한 이루어지도록 한다.

운동의 형태가 어떠하든 그 운동의 방법은 편중되기 쉬우나 국선도 준비 운동은 균형 있게 고루 움직여 사람의 몸과 마음에 유익을 더한다. 수도 행공에 앞서 기의 순환을 도와주는 중요한 전前 동작으로서 신체 말단末端에서 기氣 중심부로 기 중심에서 다시 온몸 말단으로 기혈의 순환을 돕고 몸 안을 튼튼하게 해주니, 남녀노소 누구나 무리하지 않고 천천히 여유 있게 조절하여 익히면 심신心身을 이완하고 체형을 바로잡으며 신경, 근골, 기육肌肉 등을 강화하고 기혈을 원활히 순환하여 건강을 지키고 회복해나갈 수 있다. 돌단자리 행공까지 이루어지면 더욱더 심신의 건강 증진과 안정을 유지하면서 천리天理의 오묘함을 맛보게 되는 훌륭한 도법이다.

1

사람은 우주의 아들이요 하늘의 아들이다. 하늘의 대기大氣를 받고 태어나 커나가는 것이니 하늘에 감사하는 마음을 가져야 한다. 동시에 예로부터 몸으로는 절을 하였으니 서 있는 자세로 큰절을 하듯 앞으로 숙이며 감사의 뜻을 새겨 가진다. 또한 사람은 땅에서 생기는 것을 섭취하고 살아가니 땅에 대한 고마움을 몸으로 표현하여 예禮를 표하고 선조와 부모에게 육신을 받고 태어났으니 이에 대한 예로 숙이며 절을 올린다. 천, 지, 인에 대한 이러한 예는 동작이라기보다 예법이며 수도자는 이러한 몸과 마음을 새겨 갖는 것이 참으로 뜻이 있다.

❶ 돌단자리 숨쉬기를 하면서 서서히 양발 어깨 너비 11자로 서서 가볍게 상체 숙이다가 일어서며 양팔을 위로 기지개 켜듯이 쭉 편다.

❷ 상체를 서서히 양팔과 함께 숙인다. 3회 정도 한다.

🔵 예禮로서 하는 동작은 공손히 겸허한 자세로 하는 것이 중요하다.

2

앞으로 동작을 하겠다는 것을 자기 몸과 마음에 알리는 동작이며 장부의 기혈 순환을 돕는다.

❶ 돌단자리 숨쉬기를 하면서 왼쪽으로 3회, 오른쪽으로 3회 정도 양손 양옆구리에 대고서 가볍게 돌려준다.

🔵 숨이 짧은 이는 자기 몸에 맞도록 잘 조절하면서 행하고 단계별로 자기 몸에 알맞게 한다.

3

머리와 목 부위의 균형을 잡아주며 손가락, 발가락이 동시에 강화되며 기혈 순환이 잘된다.

❶ 돌단자리 숨쉬기를 하면서 서서히 앉아 양발 모아 앞으로 쭉 뻗고 양손 뒤로 하여 손가락으로 바닥을 짚는다.

❷ 척추를 반듯이 세우고 가슴을 벌리며 머리와 목을 반듯이 한다.

❸ 발목을 앞으로 쭉 뻗었다가 뒤로 굽혀 젖히기를 4회 정도 한다.

❹ 발목을 중심으로 왼쪽으로 4회, 오른쪽으로 4회 크게 돌려준다.

🔵 무릎을 굽히지 말고, 손가락에 힘을 보내 중심을 잘 잡고 한다.

4

경직된 몸의 각 부분을 풀어주고 근육의 기혈 순환을 순조롭게 하여 신진 대사를 원활하게 한다.

❶ 돌단자리 숨쉬기를 스스로 조절하며 양발 앞으로 쭉 뻗고 앉는다.

❷ 편안히 긴장을 풀어 각 혈점을 은은히 누르거나 가볍게 두드려준다.

🈲 무리하게 누르거나 두드리지 않는다.

5

손목, 손가락, 발가락의 근골과 식욕 부진, 위무력胃無力에 효과가 있으며 생식 기능 강화, 혈액 순환을 촉진하는 동작이다.

❶ 돌단자리 숨쉬기를 하면서 서서히 오른발 앞으로 쭉 뻗고 왼발 무릎 굽혀 오른 무릎 위에 올려놓는다.

❷ 왼손 왼쪽 발목 잡고 오른손 왼발가락 감싸 쥐어 뒤로 젖혔다 앞으로 당겨 굽히기를 4회 정도 한다.

❸ 왼발을 위에서 아래로 둥글게 돌려주되 4회 정도 하고 반대로도 해준다.

🈲 발목까지는 움직이되 발목 위는 움직이지 않도록 하며 숨이 짧은 이는 스스로 숨쉬기와 동작을 조절하고 숨을 무리하게 참는다든지 동작을 무리하게 행하지 않는다.

6

손가락과 손동작을 주로 하고 발동작을 해줌으로써 수승화강水昇火降 작용이 원활해지는 동작이다.

❶ 돌단자리 숨쉬기를 하면서 자세는 5번과 같이 하되 오른손으로 왼쪽 발목을 잡고 왼손은 주먹 쥐어 왼발바닥 요면凹面(용천혈湧泉穴)을 두드려주거나 눌러준다.

🈲 숨을 마시고 멈출 수 있는 만큼 적당히 두드려주고 내쉰다.

7

손가락과 손동작을 주로 하고 발동작을 해줌으로써 수승화강 작용이 원활해지는 동작이다.

❶ 돌단자리 숨쉬기를 하면서 삼음교혈三陰交穴을 누르는데 오른손 엄지가 먼저 닿고 왼손 엄지로 오른손 엄지를 덮어 은은히 누르고 놓기를 2~3회 정도 한다.

8

손가락과 손동작을 주로 하고 발동작을 해줌으로써 수승화
강이 원활해지는 동작이다.

❶ 돌단자리 숨쉬기를 하면서 왼쪽 다리의 각 혈을 은은히
   눌러준다.

🔟 항상 몸을 반듯이 하고 행한다.

9

척추, 손발, 늑골 등을 움직여 올바로 교정하고 원활하게 해
주는 동작이다.

❶ 돌단자리 숨쉬기를 하면서 오른다리를 뻗고 왼다리를 오
   른 무릎 위에 올려놓고 왼 무릎을 3회 정도 누른다.

❷ 왼다리를 바짝 안으로 당겨 오른손으로 오른발가락을 감
   싸 쥐고 왼손으로 왼 무릎을 은은히 누르며 상체를 앞으
   로 숙이고 좌우로 틀어주기를 2~3회 정도 한다.

🔟 무리하지 말고 편안하게 한다.

10

9번처럼 척추, 손발, 늑골 등을 움직여 올바로 교정하고 원
활하게 해주는 동작이다.

❶ 돌단자리 숨쉬기를 하면서 9번 자세에서 척추 펴며 양손
   하늘 높이 하여 뒤로 젖히는 듯하다 오른발을 잡고 상체
   앞으로 바짝 숙인다.

❷ 다시 양손을 뒤로 하여 손가락 바닥 짚고 오른발 뒤꿈치
   와 손가락만 바닥에 대고 몸 전체를 들었다가 다시 앞으
   로 숙이기를 2~3회 정도 한다.

🔟 숙여서는 오른발을 잡고 좌우로 움직여주고 몸 전체를 들 때는
   손가락 바닥 짚고 몸을 좌우로 움직여준다.

손, 발, 척추, 늑골 등이 강화되는 동작이다.

❶ 돌단자리 숨쉬기를 하면서 10번 자세에서 왼발을 무릎 굽혀 오른발 무릎 너머로 넘겨 오른 무릎 부위에 대고 발바닥 전체를 바닥에 딛는다.

❷ 오른손을 오른발 안쪽 옆으로 밀며 동시에 왼손 손가락으로 바닥을 밀며 상체를 왼쪽으로 튼다. 2~3회 정도 한다.

🅣 척추를 위에서 당기는 듯 마디마디 틀어준다는 생각을 하면서 행하고 틀어준 동작은 그대로 두되 상체만 더 멀리 틀어준다.

손목, 손가락, 발가락의 근골과 식욕 부진, 위무력에 효과가 있는 동작이다.

❶ 돌단자리 숨쉬기를 하면서 서서히 왼발 앞으로 쭉 뻗고 오른발 무릎 굽혀 왼 무릎 위에 올려놓는다.

❷ 오른손 오른쪽 발목 잡고 왼손 왼발가락 감싸 쥐어 뒤로 젖혔다 앞으로 당겨 굽히기를 4회 정도 한다.

❸ 오른발을 위에서 아래로 둥글게 돌려주되 4회 정도 하고 반대로 해준다.

🅣 5번과 반대 동작으로 행한다.

손가락과 손동작을 주로 하고 발동작을 해줌으로써 수승화강 작용이 원활해지는 동작이다.

❶ 돌단자리 숨쉬기를 하면서 자세는 12번과 같이 하되 왼손으로 오른 발목을 잡고 오른손은 주먹 쥐어 오른발바닥 요면(용천혈)을 두드려주거나 눌러준다.

🅣 6번과 반대 동작으로 행한다.

손가락과 손동작을 주로 하고 발동작을 해줌으로써 수승화강 작용이 원활해지는 동작이다.

❶ 돌단자리 숨쉬기를 하면서 삼음교혈을 누르는데 왼손 엄지가 먼저 닿고 오른손 엄지로 왼손 덮어 은은히 누르고 놓기를 2~3회 정도 한다.

🅣 7번과 반대 동작으로 행한다.

손가락과 손동작을 주로 하고 발동작을 해줌으로써 수승화강 작용이 원활해지는 동작이다.

❶ 돌단자리 숨쉬기를 하면서 오른쪽 다리의 각 혈을 은은히 눌러준다.

❄ 8번과 반대 동작으로 행한다.

척추, 손발, 늑골 등을 움직여 올바로 교정하고 원활하게 해주는 동작이다.

❶ 돌단자리 숨쉬기를 하면서 왼다리를 뻗고 오른다리를 왼무릎 위에 올려놓고 오른 무릎을 3회 정도 누른다.

❷ 오른 다리를 바짝 안으로 당겨 왼손으로 왼발가락을 감싸 쥐고 오른손으로 오른 무릎을 은은히 누르며 상체를 앞으로 숙이고 좌우로 틀어주기를 2~3회 정도 한다.

❄ 9번과 반대 동작으로 행한다. 좌측 동작을 먼저 실시하고 우측 동작을 하는 것은 음장陰臟 양부陽腑의 원리를 따른 것이며 어떤 동작을 하든지 몸을 바르게 한다는 점을 생각해야 한다.

16번처럼 척추, 손발 늑골 등을 움직여 올바로 교정하고 원활하게 해주는 동작이다.

❶ 돌단자리 숨쉬기를 하면서 16번 자세에서 척추 펴며 양손 하늘 높이 하여 뒤로 젖히는 듯하다 오른발을 잡고 상체 앞으로 바짝 숙인다.

❷ 다시 양손을 뒤로 하여 손가락 바닥 짚고 오른발 뒤꿈치와 손가락만 바닥에 대고 몸 전체를 들었다가 다시 앞으로 숙이기를 2~3회 정도 한다.

❸ 숙여서는 왼발을 잡고 좌우로 움직여주고 몸 전체를 들 때는 손가락 바닥 짚고 몸을 좌우로 움직여준다.

❄ 10번과 반대 동작으로 행한다.

손, 발, 척추, 늑골 등이 강화되는 동작이다.

❶ 돌단자리 숨쉬기를 하면서 18번 자세에서 오른발을 무릎 굽혀 왼발 무릎 너머로 넘겨 왼 무릎 부위에 대고 발바닥 전체를 바닥에 딛는다.

❷ 왼손을 왼발 안쪽 옆으로 밀며 동시에 오른손 손가락으로 바닥을 밀며 상체를 왼쪽으로 튼다. 2~3회 정도 한다.

🖐 11번과 반대 동작으로 행한다.

각 신경과 기혈 순환이 좋아지며 몸이 경직되는 것을 예방하고 유연하게 해주는 동작이다.

❶ 돌단자리 숨쉬기를 하면서 양발을 좌우로 벌린다.

❷ 허벅지 부근의 각 혈점穴點을 은은히 누르거나 두드려주거나 만져준다.

❸ 양손 뒤로 하여 손가락으로 바닥을 짚으며 상체만 좌우로 틀어준다. 발은 그대로 둔 채 따라오지 않게 한다. 2~3회 정도 한다.

단법과 운동

근골, 척추, 늑골, 목 부분의 근골을 강화하며 심포心包와 상중하上中下의 삼초三焦가 좋아지는 동작이다.

❶ 돌단자리 숨쉬기를 하면서 양발 좌우로 멀리 벌린 채 상체를 왼쪽으로 틀어 숙이고 오른쪽으로 틀어 숙이되 양손으로 발가락을 감싸 쥐고서 좌우로 움직여주며 2~3회 정도 한다.

근골, 척추, 늑골, 목 부분의 근골을 강화하며 심포와 상중하의 삼초가 좋아지는 동작이다.

❶ 돌단자리 숨쉬기를 하면서 양발 좌우로 벌린 채 양손 각각 무릎 부위에 대고서 상체 앞으로 숙였다가 다시 일으킨다. 2~3회 정도 한다.

근골, 척추, 늑골, 목 부분의 근골을 강화하며 심포와 상중하의 삼초가 좋아지는 동작이다.

❶ 돌단자리 숨쉬기를 하면서 동시에 양손 뒤로 하여 손가락으로 바닥을 짚고 몸을 들어 배가 앞으로 나오게 밀어들어올린다.

❷ ❶번 상태에서 좌우로 틀어준다. 2~3회 정도 한다.

머리의 후두 근골, 안면 근골, 치근이 튼튼해지며 손 근육, 배 근육 등과 동정맥의 신경, 생식기계, 비뇨기계, 두 다리의 혈액 순한, 발목 강화, 고관절 부조화, 소장, 대장 기능 등에 좋은 동작이다.

❶ 돌단자리 숨쉬기를 하면서 양발 무릎 굽혀 양발바닥 마주 대고 양손으로 양 무릎 눌렀다 세우기를 3~4회 정도 한다.

머리의 후두 근골, 안면 근골, 치근이 튼튼해지며 손 근육, 배 근육 등과 동정맥의 신경, 생식기계, 비뇨기계, 두 다리의 혈액 순한, 발목 강화, 고관절 부조화, 소장, 대장 기능 등에 좋은 동작이다.

❶ 돌단자리 숨쉬기를 하면서 발목을 잡고 몸 전체를 들었다 놓았다 한다. 2~3회 정도 한다.

머리의 후두 근골, 안면 근골, 치근이 튼튼해지며 손 근육, 배 근육 등과 동정맥의 신경, 생식기계, 비뇨기계, 두 다리의 혈액 순한, 발목 강화, 고관절 부조화, 소장, 대장 기능 등에 좋은 동작이다.

❶ 돌단자리 숨쉬기를 하면서 양손으로 양발가락 감싸 쥐어 안으로 바짝 당기고 상체를 앞으로 숙였다 세운다.

❷ 왼쪽과 오른쪽으로도 한 번씩 해주고 얼굴은 각 방향을 향한다.

26

머리의 근골과 가슴 흉근, 손발 근육, 대퇴부와 허벅지, 허리와 척추, 늑골이 강화되고 유연해지며 동정맥 신경 등이 좋아지는 동작이다. 대맥을 자극해 상하의 기운을 원활하게 해준다.

❶ 돌단자리 숨쉬기를 하면서 결가부좌를 하고 양손 각 무릎에 올려놓고 상체를 좌우로 크게 원을 그리며 3회 정도 돌려준다.

27

머리의 근골과 가슴 흉근, 손발 근육, 대퇴부와 허벅지, 허리와 척추, 늑골이 강화되고 유연해지며 동정맥 신경 등이 좋아지는 동작이다. 대맥을 자극해 상하의 기운을 원활하게 해준다.

❶ 돌단자리 숨쉬기를 하면서 양손 뒤로 깍지 낀 채 들면서 상체 왼쪽으로 틀어 숙였다가 다시 오른쪽으로 틀어 숙이기를 2~3회 정도 한다.

❷ 이어서 앞으로 똑바로 숙였다가 세우며 좌우로 틀어주며 반복하기를 2~3회 정도 한다.

28

머리 후두골, 목 인대, 연골, 손의 근골, 정중正中 신경, 무릎 슬개골膝蓋骨, 발 근골 등이 강화되며 위무력, 소장증小腸症에 좋은 동작이다. 2~3회 정도 한다.

❶ 돌단자리 숨쉬기를 하면서 결가부좌 자세로 앉아 양손 목 뒤에 깍지 끼고 왼쪽으로 숙였다가 바로하고 오른쪽으로도 해준다.

국 선 도 무 예 교 본

머리 후두골, 목, 인대, 연골, 손의 근골, 정중 신경, 무릎 슬개골, 발, 근골 등이 강화되며 위무력, 소장증에 좋은 동작이다.

❶ 돌단자리 숨쉬기를 하면서 왼쪽으로 상체 틀며 동시에 양손 뒤로 하여 손가락으로 바닥 짚고 몸을 천천히 최대한 틀어준다.

❷ 오른쪽으로도 해준다. 2~3회 정도 한다.

🅖 항상 기를 유기流氣해야 하며 무리하지 않는다.

전신 장부 기혈의 순환을 원활히 하며 임맥과 독맥의 신전伸展 자극으로 인체의 전후면에 활력을 주어 척추, 늑골, 내장, 위장 등을 강화해준다.

❶ 돌단자리 숨쉬기를 하면서 결가부좌 한 채 앞으로 나갔다가 몸통을 좌우로 틀어준다.

❷ 무릎을 천천히 세우며 뒤로 손 짚고 단전 부위를 들어주었다가 앉는다. 2~3회 정도 한다.

가부좌로 경직되었던 것을 원활히 하여 상하체의 긴장을 풀고 전신의 기혈 순환을 도우며 긴장 이완에 좋은 동작이다.

❶ 돌단자리 숨쉬기를 하면서 양발을 앞으로 쭉 뻗고 발을 흔들어주거나 가볍게 두드려주거나 눌러준다.

32

전후, 좌우 신전으로 전신의 기혈 소통이 원활해지며, 심폐를 자극해 기능이 강화된다.

❶ 돌단자리 숨쉬기를 하면서 양손 목 뒤에 깍지 끼고 상체 앞으로 숙였다 세운 뒤 왼쪽으로 몸 틀어주고 시선은 왼쪽을 향한다.

❷ 오른쪽으로도 해준다. 2~3회 정도 한다.

33

머리 후두근, 늑골, 견갑골 등과 동정맥을 강화하고 원활하게 하며 호흡 곤란, 신장 등에 좋은 동작이다.

❶ 돌단자리 숨쉬기를 하면서 양발 모아 뻗고 상체를 좌우로 틀어주는데 손을 뒤로 하여 손가락으로 바닥 짚고 틀기를 2~3회 정도 한다.

34

머리 후두근, 늑골, 견갑골 등과 동정맥을 강화하고 원활하게 하며 호흡 곤란, 신장 등에 좋은 동작이다.

❶ 돌단자리 숨쉬기를 하면서 몸을 반듯이 하여 양손 높이 들었다가 상체 앞으로 바짝 숙이되 발가락 감싸 쥐며 더욱 숙이며 좌우로 흔든다.

❷ 상체를 일으켜 양손 뒤로 하여 손가락으로 바닥 짚으며 몸 전체 들어올려 좌우로 틀어주기를 2~3회 정도 한다.

35

척추와 늑골을 강화하고 동시에 머리와 몸을 튼튼히 해주며 신경쇠약, 만성 위약胃弱에 좋은 동작이다.

❶ 돌단자리 숨쉬기를 하면서 양발을 모아 무릎 굽혀 세우고 양손 깍지 끼어 무릎 아래를 감싼 채 상체를 뒤로 넘겨 어깨가 바닥에 닿게 하였다가 다시 세우기를 2~3회 한다(구르기).

36

각 신경의 원활을 기하고 기혈 순환을 도우며 쓸개, 눈 등에 좋고 머리가 맑아지며 옆구리와 가슴의 답답함을 풀어낸다.

❶ 돌단자리 숨쉬기를 하면서 양발을 가지런히 무릎 굽혀 왼다리에 붙인다.

❷ 양손 목 뒤에 깍지 끼고 상체를 왼쪽으로 숙였다가 세우며 오른쪽으로 틀면서 오른쪽을 바라본다. 2~3회 정도 하다 발만 바꿔 해준다.

단법과 운동

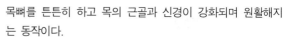

목뼈를 튼튼히 하고 목의 근골과 신경이 강화되며 원활해지는 동작이다.

❶ 돌단자리 숨쉬기를 하면서 양발 무릎 굽혀 앉되 발가락 눌러 앉아서 양손 양 옆구리에 대고 목을 앞으로 숙였다 뒤로 젖힌다. 3회 정도 한다.

국선도 무예 교본

목뼈를 튼튼히 하고 목의 근골과 신경이 강화되며 원활해지는 동작이다.

❶ 좌우로 목 틀기를 3회 한다.

목뼈를 튼튼히 하고 목의 근골과 신경이 강화되며 원활해지는 동작이다.

❶ 좌우로 목 젖히기를 3회 한다

40

목뼈를 튼튼히 하고 목의 근골과 신경이 강화되며 원활해지는 동작이다.

❶ 왼쪽부터 목을 크게 돌려주는데 3회 한 뒤에 오른쪽으로 도 3회 돌려준다.

41

손의 근골과 손가락을 튼튼하게 해주고 척추, 가슴 등이 강화되며 어깨, 등의 경직을 풀어준다.

❶ 돌단자리 숨쉬기를 하면서 무릎 꿇고 앉되 발가락 눌러 앉아 양손 깍지 끼어 밑으로 쭉 뻗어 눌러 내리듯 한다.

❷ ❶번 상태에서 앞으로 쭉 민다.

❸ ❷번 상태에서 양손을 머리 위로 밀어 올린 뒤 좌우로 숙여준다.

42

손의 근골과 손가락을 튼튼하게 해주고 척추, 가슴 등이 강화되며 어깨, 등의 경직을 풀어준다.

❶ 깍지 낀 손을 가슴 부위에 내렸다가 바닥이 보이게 하면서 앞으로 뻗고 좌우로 회전해준다.

43

손의 근골과 손가락을 튼튼하게 해주고 척추, 가슴 등이 강화되며 어깨, 등의 경직을 풀어준다.

❶ 손을 풀어서 왼손을 위로 하고 오른손을 아래로 하여 엇갈리게 깍지 낀 채 가슴 부위에서 돌려 빼어 앞으로 쭉 뻗히기를 2~3회 한다.

❷ 손을 반대로 하여 2~3회 해준다.

44

머리 옆·뒤의 근골과 어깨 부위의 근골이 튼튼해지는 동작이다.

❶ 돌단자리 숨쉬기를 하면서 무릎 굽혀 앉은 자세에서 양 손바닥을 마주 대었다가 손목 굽혀 손바닥 벌린 뒤 수평을 유지한 채 좌우로 벌린다. 2~3회 정도 한다.

45

머리 옆·뒤의 근골과 어깨 부위의 근골이 튼튼해지는 동작이다.

❶ 손등을 마주 대었다가 손목을 굽힌 다음 수평을 유지한 채 좌우로 벌린다. 2~3회 정도 한다.

46

머리 옆·뒤의 근골과 어깨 부위의 근골이 튼튼해지는 동작이다.

❶ 엄지를 대었다가 손목 굽힌 다음 수평을 유지한 채 좌우로 벌린다. 2~3회 정도 한다.

47

머리 옆·뒤의 근골과 어깨 부위의 근골이 튼튼해지는 동작이다.

❶ 소지를 대었다가 손목 굽힌 다음 수평을 유지한 채 좌우로 벌린다. 2~3회 정도 한다.

48

목과 머리의 독맥督脈 혈들을 자극하고 어깨 부위, 팔, 척추의 각 마디마디가 유연해지고 튼튼해지며 각 신경과 동정맥이 강화되고 원활해지는 동작이다.

❶ 돌단자리 숨쉬기를 하면서 무릎 꿇고 앉은 채 양손가락 끝을 어깨 견정혈肩井穴에 대고 앞에서 뒤로 크게 2~3회 돌린 뒤 반대로도 해준다.

49

임맥과 독맥을 자극하여 전신의 기혈 순환을 원활히 도우며 척추, 골반 교정, 심폐 기능, 소화 기능 등을 강화한다.

❶ 돌단자리 숨쉬기를 하면서 무릎 꿇고 앉은 채 엉덩이 들고 양손 허리에 댄 채 몸을 뒤로 젖힌다. 머리가 바닥에 닿도록 2~3회 정도 한다.

🄳 무리하지 말고 자기 몸에 맞게 한다.

발가락, 무릎과 다리의 근골이 강화되고 어깨, 목 부위와 척추가 유연해지고 튼튼해지는 동작이다.

❶ 돌단자리 숨쉬기를 하면서 양손 뒤로 깍지 낀 채 오른발 무릎 굽히고 왼발 45도 앞으로 쭉 뻗은 뒤, 상체를 왼발 쪽으로 숙여주었다가 뒤로 젖히며 좌우로 흔들어준다.

❷ 발 바꿔 반대로 해준다. 2~3회 정도 한다.

❶ 돌단자리 숨쉬기를 하면서 발 모으고 서서 상체 굽혀 양손을 무릎에 대고 무릎 굽혀 앉았다 서기를 2~3회 정도 한다(학골鶴骨 운동).

❶ 무릎을 왼쪽으로 3회, 오른쪽으로 3회 크게 원을 그리며 돌려준다(학골 운동).

❻ 항상 무리하지 말고 자기 몸에 맞게 조절한다.

53

어깨와 허리 부분의 경직된 근육을 풀어주고 기혈 순환이 원활해지며 신진 대사 작용을 도와주는 동작이다.

❶ 돌단자리 숨쉬기를 하면서 양발 11자가 되게 어깨 너비로 벌린 뒤 양손 허리에 대고 준비운동 2번 동작보다 허리 아래 부위를 크게 원을 그리며 돌려준다. 왼쪽으로 3회, 오른쪽으로 3회 돌려준다.

54

❶ 양손을 축 늘어뜨린 채 발은 움직이지 말고 좌우로 몸을 멀리 움직여 팔이 따라 돌게 한다.

55

수도修道하는 데 무리가 오지 않도록 조심調心, 조신調身, 조식調息하는 기본자세. 선심善心, 진심眞心, 공심空心, 도심道心과 성심誠心으로 수도하겠다는 생각을 염두에 두고 임한다.

❶ 양손을 모아 높이 들며 돌단자리 숨을 마시고 손을 벌리고 낮추며 돌단자리 숨 내쉬기를 2~3회 정도 한다.

❷ 왼쪽 45도 각도로 왼발을 내딛으며 손을 편안히 벌리면서 돌단자리 숨을 마시고 다시 원위치하면서 돌단자리 숨을 내쉰다. 반대쪽으로도 해준다.

❸ 제자리에서 왼발을 옆으로 어깨 너비 정도 벌리며 돌단자리 숨을 마셨다가 돌단자리 숨을 내쉬며 원위치한다.

❶ 배를 위에서 아래로 쓸어준 뒤 단전 부위를 둥글게 돌리
며 만져준다.

❶ 편안히 누워서 모든 잡념을 버리고 행공에 들어갈 자세
를 취한다. 손과 발을 몸에 맞게 벌리고 몸과 마음을 심
호흡을 통해 안정시킨다.

국선도 무예 교본

나. 정리운동整理運動

국선도의 수도修道 중 육체적 기혈 순환과 조신調身 그리고 정신적 통일을 기하는 가운데 근골과 기육肌肉, 각 정동맥靜動脈 신경 등을 강화하고 전신 기혈의 흐름이 원활해지도록 도와주는 동작이다. 주로 돌단자리 호흡 행공을 마치고 행한다.

1) 정리본운동整理本運動

1

행공 중에 오는 모든 긴장을 풀고 기혈 순환을 원활하게 하는 동작으로서 특히 척추를 아래 위에서 당겨주는 기분으로 행하면 더욱 효과적이다. 발가락과 손가락 끝에 기를 보낸다는 생각으로 동작을 행한다. 근육, 신경, 관절의 긴장을 풀어 기혈 순환을 돕는다.
❶ 돌단자리 숨쉬기를 하면서 서서히 누워 손발을 쭉 뻗으며 한잠 자고 나서 기지개켜는 것과 같이 한다.
❷ 상체를 좌우로 약간 움직이듯 해준다.

2

척추, 늑골, 근육, 목, 머리 등의 경직을 풀어주고 장부의 기혈 순환을 원활하게 하는 동작이다.
❶ 돌단자리 숨쉬기를 하면서 누운 채 양발 좌우로 멀리 벌리고 양 손목을 목 뒤에 깍지 낀 채 상체를 좌우로 틀어준다. 이때 발은 움직이지 말고 트는 쪽 가슴이 바닥에 닿을 만큼 가깝게 틀어준다.

3

얼굴에 온기 순환을 해줘 윤기를 더하고 각 혈점穴點을 자극하여 머리를 맑게 해주는 동작이다.

❶ 편안히 누운 상태에서 양손을 비벼서 열을 내어 얼굴을 세수하듯이 문질러준다.

❷ 눈 주위, 얼굴, 머리, 목 뒤의 각 혈을 눌러주면서 풀어준다.

4

견정혈을 자극하여 장부가 그 영향을 받아 수승화강 작용이 잘되게 하며 손의 기혈 순환을 더욱 촉진하는 동작이다.

❶ 누운 채 오른손으로 왼쪽 어깨 견정혈을 누르고 왼팔을 크게 3회 돌려준 뒤 반대 방향으로도 돌려준다.

❷ 오른팔도 해준다.

5

상체의 근골을 튼튼하게 해주며 늑골근을 강화하여 기혈 순환을 원활히 해주는 동작이다.

❶ 누운 채 양손을 교대로 머리 위로 아래로 쭉쭉 뻗어주기를 6~8회 한다.

6

양손, 등, 어깨, 가슴 등을 자극하여 풀어주어 갑상선 등이 튼튼해지고 경직된 근육을 풀어주며 기혈 순환을 돕는 동작이다.

❶ 누운 채 양팔로 가슴을 끌어안듯 하다가 좌우로 펼쳐 내리기를 6~8회 한다.

7

경직되려는 손발을 풀어주고 전신의 기혈 순환이 원활하도록 하며 장부 순환에도 도움을 주는 동작이다.

❶ 누운 채 양손과 양발을 들고 흔들어주며 올렸다 내리기도 한다.

8

척추, 늑골, 근육 등의 균형을 기하고 기혈 순환을 도우며 경직되려는 발, 목, 척추 등을 원활하게 해주는 동작이다. 장의 운동을 돕는다.

❶ 돌단자리 숨쉬기를 하면서 양발 모아 무릎 굽혀 들고 양손은 좌우로 각각 벌려 손바닥을 바닥에 댄다.

❷ 무릎을 좌우로 틀어주되 얼굴 방향과 무릎 방향은 반대로 하며 서로 당기듯 3회 정도 한다.

9

허리와 척추 등의 기혈 순환을 돕고 허벅지, 엉덩이 등의 근골을 튼튼하게 해주고 원활하게 하며 하반신의 경직을 풀어준다.

❶ 누운 채 양손을 좌우로 벌려 손바닥을 바닥에 대고 양발을 모아 들어올린다.

❷ 왼쪽부터 크게 원을 그리며 3회 돌려주고 다시 오른쪽부터 3회 돌려준다.

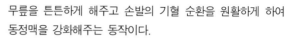

무릎을 튼튼하게 해주고 손발의 기혈 순환을 원활하게 하여 동정맥을 강화해주는 동작이다.

❶ 누운 채 오른손으로 왼쪽 발목을 잡고 왼손으로 왼 무릎을 감싸며 굽혔다 폈기를 3~5회 한다.

❷ 손과 발을 바꾸어서 3~5회 한다.

경직된 장부를 풀어주고 대장과 소장이 꼬여 있을 때 풀어주는 효과가 있는 동작이다.

❶ 돌단자리 숨쉬기를 하면서 누운 채 양팔 벌려 양손을 바닥에 대고 어깨와 발가락에 의지한 채 몸 전체를 들고서 좌우로 틀어준다

❷ 갑자기 발을 쭉 뻗어 다리를 펴면서 바닥에 떨어뜨리며 몸을 낮춘다. 2회 정도 한다.

소흉근小胸筋, 대흉근大胸筋, 복근腹筋 등을 강화하고 장부를 튼튼하게 해주는 동작이다.

❶ 돌단자리 숨쉬기를 하면서 누운 채 양손과 양발을 모아 천천히 엉덩이만 바닥에 대고 상체와 하체를 동시에 든다. 손바닥을 마주보아도 되며 무리해서 올리거나 내리지 않는다.

전신의 기혈 순환을 촉진하며 척추, 늑골, 복직근 등이 강화되고 머리가 맑아지는 동작이다.

❶ 돌단자리 숨쉬기를 하면서 누운 채 양발을 멀리 벌리고 오른손은 머리 위 수직으로 뻗고 왼손은 옆으로 뻗는다.

❷ 왼손과 몸통을 오른쪽으로 틀어 넘기며 가슴이 바닥에 닿도록 하되 발은 움직이지 않는다.

❸ 손을 바꿔서 반대로 한다.

요추, 척추, 경추, 위장 등을 강화하는 동작이다.

❶ 돌단자리 숨쉬기를 하면서 누운 채 양손 좌우로 벌리고 양손은 움직이지 말고 왼발을 들어 오른손에 가깝게 놓으며 몸통과 고개는 왼쪽으로 튼다.

❷ 반대로 한다.

머리와 목을 튼튼하게 해주고 머리를 맑게 해주며 식도, 청문聲門, 기관氣管, 갑상선, 눈, 중풍 방지, 항문 계통에 좋은 동작이다.

❶ 돌단자리 숨쉬기를 하면서 누운 채 양손 배 위에 깍지 끼어 얹으며 양 무릎 굽히고 목과 발가락을 이용하여 몸 전체를 천천히 들어올린 뒤 목을 앞뒤로 왔다 갔다 하면서 자극해준다.

16

임맥, 독맥을 자극하고 흉추, 늑골, 어깨 부위 신경, 동정맥 등을 강화하며 기혈 순환이 원활해지는 동작이다.

❶ 돌단자리 숨쉬기를 하면서 누운 채 양발을 모아 목 뒤로 넘긴 뒤 양손 허리 받치고 발목을 굽혔다 폈다 해준다.

❷ 무릎을 굽혔다 펴기도 하고 각각 좌우로 교차하여 벌려 주기도 하고 앞뒤로 교차하기도 하고 틀어주기도 하고 자전거를 타듯 두 발을 굴러주기도 한다.

❸ 발을 모아 수직으로 들어올려서 머리 뒤로 넘겼다가 양 손을 바닥에 대고 천천히 낮추며 처음으로 돌아온다.

허리, 목, 어깨, 척추, 등의 근육과 동정맥을 강화하고 심폐 의 울혈과 압박을 제거하며 심장에 좋은 동작이다.

❶ 돌단자리 숨쉬기를 하면서 양손 어깨 부위 바닥에 댄 뒤 무릎 굽혀 발가락을 바닥에 대고 몸 전체를 들되 배를 더 치켜 올린다.

⛐이 동작은 절대 무리하지 않는다.

18

발가락과 손가락을 튼튼하게 해주고 직접 연관된 장부를 강 화하며 기혈 순환과 수승화강의 작용을 돕는 동작이다.

❶ 돌단자리 숨쉬기를 하면서 천천히 엎드리며 모든 잡념을 잊고 천진한 아이가 물장구치듯 손가락과 발가락으로 바 닥을 두드려준다.

⛐팔꿈치와 상체를 약간 든 상태로 한다.

목, 머리, 척추 마디마디와 손가락 배, 가슴 근육이 강화되고 몸의 균형을 잡아주는 동작이다.

❶ 돌단자리 숨쉬기를 하면서 엎드린 채 양손으로 어깨 부위 바닥을 짚는다.

❷ 천천히 팔을 펴며 머리, 목, 척추 마디마디에 자극을 주는데 차례로 들되 배꼽은 가급적 바닥에 댄다.

❸ 천천히 고개를 돌려 왼쪽을 바라본 뒤 오른쪽을 바라보고 고개를 뒤로 젖혔다가 원위치한다.

심장과 신장의 순환을 촉진하며, 위무력, 맹장 기능을 활성화하는 데 좋은 동작이다.

❶ 돌단자리 숨쉬기를 하면서 엎드린 채 양손 양발을 좌우로 멀리 벌리고 오른손을 머리 위 수직으로 뻗는다.

❷ 천천히 왼손을 들어 상체를 틀면서 어깨가 왼쪽 바닥에 닿도록 한다. 발은 움직이지 않는다.

❸ 반대로 한다.

🕉 무리하지 않게 숙달한다.

늑골과 척추가 강인해지고 췌장, S상결장, 직장 등에 좋은 동작이다.

❶ 돌단자리 숨쉬기를 하면서 엎드린 뒤 양발은 모아 붙이고 양손은 바닥에 댄 뒤 왼발을 높이 들되 머리, 목, 척추, 등을 반듯이 한다.

❷ 반대로 한다.

⒯언제나 무리하지 말고 자기 몸에 맞도록 천천히 한다.

목뼈, 빗장뼈, 견주뼈, 위 팔뼈, 선골 등이 튼튼해지고 척추와 늑골이 강화되며 위장 장애에 좋은 동작이다.

❶ 돌단자리 숨쉬기를 하면서 오른손으로 왼쪽 발목을 잡고 왼손과 오른발을 뻗은 뒤 배의 일부분만 바닥에 대고 앞뒤로 굴리며 3회 정도 자극을 준다.

❷ 반대로 한다.

척추골, 흉골, 늑골, 요골, 척골, 관골髖骨(궁둥이뼈), 미골, 수골, 대퇴골 등이 강화되고 근육과 정동맥 신경 등이 원활해지는 동작이다.

❶ 돌단자리 숨쉬기를 하면서 양손 뒤로 하여 양 발목을 마주잡고 배 부분만 바닥에 대고서 몸 전체를 들어올린 뒤 앞뒤로 굴리며 움직여준다. 손발에 유기하면서 한다.

24

전신의 기혈을 원활하게 유통해주고 수승화강을 순조롭게 하며 손가락, 발가락도 튼튼하게 해주는 동작이다.

❶ 돌단자리 숨쉬기를 하면서 엎드린 상태에서 양 손등으로 허리 부분을 가볍게 두드려주고 동시에 양쪽 발가락도 교대로 바닥을 두드려준다.

25

각 기관과 장부에 강한 영향을 주고 각 근육과 동정맥, 신경의 원활을 기하며 허리, 각기脚氣, 무릎 관절, 발목 등에 좋은 온몸 동작이다.

❶ 돌단자리 숨쉬기를 하면서 양손가락을 바닥에 대고 몸 전체를 들어올린 뒤 발을 교대하면서 바닥을 두드린다.

🜹 손가락 발가락에 유기하며 실행하고 무리하지 말고 자기 몸에 맞게 한다.

26

척추를 유연하게 해주고 장부를 원활하게 해주는 동작이다.

❶ 돌단자리 숨쉬기를 하면서 엎드린 뒤 양손을 어깨 부위에 대고 무릎 꿇었다가 상체를 최대한 낮추면서 앞으로 나아가 일으킨다.

❷ 다시 상체를 낮추면서 몸이 바닥에 닿을 정도로 뒤로 뺐다가 좌우로 틀어주기를 2~3회 반복하고 제자리로 돌아온다.

27

척추, 늑골, 배, 허리 등의 근육을 튼튼하게 하여 몸속의 각 기관을 강화하고 경직되는 몸을 풀어주는 동작이다.

❶ 돌단자리 숨쉬기를 하면서 두 사람이 등을 대고 서서 양 팔을 서로 걸고서 업는다.

❷ 업힌 자는 몸에 힘을 빼고 축 늘어뜨려야 하며, 업는 사 람은 중심을 잡고 좌우로 몸을 움직여서 업힌 자의 척추 가 유연해지도록 유도한다.

❸ 서로 교대하여 업고 행한다.

🈺 무리한 동작은 삼가고 자기 몸에 맞도록 한다.

28

기혈 순환을 촉진하고 근골을 원활히 해주며 온몸 내외를 자극하여 심장 기능을 강화하고 신경과 정동맥의 유기가 잘 되도록 해주는 동작이다.

❶ 몸이 가볍다고 생각하면서 양손 축 늘어뜨리고 양발가락 으로 제자리 뛴다.

❷ 양발 교대로 뛰는데 한 발은 딛고 다른 발 무릎을 뻗었 다 굽혔다 하면서 뛰고 양발을 모두 굴러 뛰기도 한다.

🈺 무리한 동작은 삼가고 자기 몸에 맞도록 한다.

29

뜀뛰기를 한 후 바로 서지 말고 발을 움직여 크게 숨을 쉰다.

❶ 돌단자리 숨쉬기를 하면서 양손을 머리 위로 쭉 뻗었다 가 양팔 옆으로 벌리며 내린다.

❷ 왼발 45도 앞으로 내딛으며 양팔 벌려 숨을 마셨다가 제자리로 돌아오며 숨 내쉬고 반대쪽으로도 해준다.

❸ 제자리에 서서 양손 양발 옆으로 벌리면서 해준다.

2) 장부운동臟腑運動(몸속 움직임)

    돌단자리(하단전下丹田) 숨쉬기를 하고 나서 몸속의 모든 장부에 기운을 보내 주는 몸 움직임이 있다. 음양오행陰陽五行 생성生成 원리에 바탕을 둔 내기전신행법內氣全身行法(줄여서 기신법氣身法)은 정각도正覺道 수련 시에 행하며, 음양오행 상생相生 원리에 바탕을 둔 천신화행법天身和行法(줄여서 천화법天和法)은 통기법通氣法 과정에서 행하는 차원 높은 장부 강화 운동이다. 장부운동을 행할 때는 숨을 고르면서 하늘의 기氣와 조화를 이룬다는 대원大原을 가지고 한 동작 한 동작 정성과 성심을 다하면 하는 만큼 건강해지고 몸에 해로운 것들이 사라지며 복이 된다는 것을 새기면서 실행해야 한다. 천천히 움직이면서 동작을 행하면 몸속 기운의 흐름이 원활해지고 장부 한 곳 한 곳에 기운을 보내 건강하게 해주며 활성화되는 효과가 있어 심신의 건강이 크게 증진되어 몸과 마음이 편안해진다.

내 · 기 · 전 · 신 · 행 · 법

◉ 준비자세

양발이 11자가 되게 어깨 너비로 벌리고 양손은 가슴 앞에서 교차하며 머리, 목, 척추 등은 반듯하게 하고 눈은 정면을 바라보며 입은 다물고 선다. 이 자세는 기신법의 각 동작이 끝날 때마다 해주기도 한다. 이 자세를 취하면서 다음 동작을 염두에 두고 있어야 한다.

◉ **수법**水法·**음수**陰水 | 하늘 : 홀매[陰水], 몸속 : 콩팥[腎臟]

음좌족陰左足과 음신陰腎에 유기流氣하여 콩팥과 그 부속 기관이 강화되며 좋아진다.

❶ 준비자세에서 왼발을 1보 앞으로 옮겨놓는다.

❷ 오른발 발가락을 바닥에 대고 눌림의 자극이 가도록 하며 양손 손바닥으로 바닥을 누르듯이 하되 돌단숨을 마셨다가 멈추어 신장에 기를 보낸다는 생각을 하면서 천천히 낮춘 다음 일어서며 숨을 내쉬고 준비자세를 취한다.

◉ **수법**水法·**양수**陽水 | 하늘 : 올매[陽水], 몸속 : 오줌통[膀胱]

양우족陽右足과 양방광陽膀胱에 유기하여 오줌통과 그 부속 기관이 튼튼해지고 좋아진다.

❶ 준비자세에서 오른발을 1보 앞으로 옮겨놓는다.

❷ 왼발 발가락을 바닥에 대고 눌림의 자극이 가도록 하며 양손 손바닥으로 바닥을 누르듯이 하되 너무 올리거나 내리지 않으며 숨 들이마신 뒤 천천히 낮춘다.

❸ 일어서며 숨을 내쉬고 원위치에서 숨을 고르고 준비자세를 취한다.

◉ **화법**火法·**음화**陰火 | 하늘 : 홀묘[陰火], 몸속 : 염통[心臟]

음신부陰身部와 음심장陰心臟에 유기하여 염통과 그 부속 기관이 튼튼해지고 좋아진다.

❶ 준비자세에서 왼발을 왼쪽으로 멀리 내딛으며 상체를 오른쪽으로 멀리 젖힌다.

❷ 왼발, 배, 머리가 일직선이 되게 하고 양손바닥은 서로 마주보게 하며 숨을 마셨다가 멈추고 심장에 의식을 집중하여 유기한 뒤 원위치로 일어서며 숨을 내쉰다.

❸ 일어서서 편안한 숨쉬기를 하고 준비자세를 취한다.

❿ 어지럽거나 숨이 차면 잠시 쉬었다 한다. 무리하면 몸에 해롭다는 것을 새기면서 행한다.

◉ **화법**火法·**양화**陽火 | 하늘 : 올묘[陽火], 몸속 : 작은창자[小腸]

양신부陽身部와 양소장陽小腸에 유기하여 작은창자와 그 부속 기관이 강화되고 좋아진다.

❶ 준비자세에서 오른발을 오른쪽으로 멀리 내딛으며 상체를 왼쪽으로 멀리 젖힌다.

❷ 오른발, 배, 머리가 일직선이 되게 하고 양손바닥은 마주보며 숨을 마셨다가 멈추고 소장에 의식을 집중하여 유기한 뒤 천천히 일어나며 숨을 내쉬고 준비자세를 취한다.

◉ 목법木法 · 음목陰木 | 하늘 : 홀남[陰木], 몸속 : 간[肝臟]

음좌족陰左足과 음간장陰肝臟에 유기해주어 간장과 그 부속 기관이 강화되고 좋아진다.

❶ 준비자세에서 왼발 앞으로 내딛고 양 무릎 굽혀 왼발 세우고 오른발 바닥에 댄다.

❷ 돌단 깊숙이 숨을 마셨다가 멈추어 양손을 무거운 물체를 드는 듯이 아래서부터 들어올리는데, 팔굽 굽혀 손바닥이 하늘을 향하게 하며 양팔 옆구리에 대고서 들어올리며 간장에다 유기한다는 생각을 하며 일어서서 숨을 내쉬고 준비자세를 취한다.

◉ 목법木法 · 양목陽木 | 하늘 : 올남[陽木], 몸속 : 쓸개[膽]

양우족陽右足과 양담부陽膽部에 유기해주어 쓸개와 그 부속 기관이 좋아진다.

❶ 준비자세에서 오른발 앞으로 내딛고 양 무릎 굽혀 오른발 세우고 왼발 바닥에 댄다.

❷ 돌단숨을 마셨다가 멈추어 담부에 유기한다는 생각을 가지며 양손 무거운 물체를 드는 듯 천천히 손바닥 하늘 향한 채 들어올린다. 일어서며 숨을 내쉬고 준비자세를 취한다.

◉ 금법金法 · 음금陰金 | 하늘 : 홀단[陰金], 몸속 : 허파[肺臟]

음좌족陰左足과 음폐장陰肺臟에 유기해주어 허파와 그 부속 기관이 강화되며 좋아진다.

❶ 준비자세에서 왼발을 왼쪽으로 내딛고 오른발 무릎을 바짝 굽힌 채 상체를 왼쪽 방향으로 바짝 숙인다.

❷ 양손바닥 서로 마주보게 하고 돌단자리 숨을 마셨다가 멈추어 폐장에 기를 보낸다는 생각을 하고 일어서며 숨을 내쉬고 준비자세를 취한다.

◉ 금법金法 · 양금陽金 | 하늘 : 올단[陽金], 몸속 : 큰창자[大腸]

양우족陽右足과 양대장부陽大腸腑에 유기해주어 큰창자와 그 부속 기관이 튼튼해지고 좋아진다.

❶ 준비자세에서 오른발을 오른쪽으로 내딛고 왼발 무릎 바짝 굽혀 앉은 채 상체를 오른쪽 방향으로 바짝 숙인다.

❷ 양손바닥 서로 마주보게 하며 돌단자리 숨을 마셨다가 멈추어 대장에 기를 보낸다는 생각을 하고 일어서며 숨을 내쉬고 준비자세를 취한다.

◉ **토법土法 · 음토陰土 | 하늘 : 홀모[陰土], 몸속 : 지라[脾臟]**

음신陰身과 음비陰脾에 유기해주어 지라와 그 부속 기관이 강화되고 좋아진다.

❶ 준비자세에서 상체를 천천히 앞으로 숙이면서 오른손은 목 뒤를 잡고 왼손은 뻗쳐 든 뒤 상체를 서서히 왼쪽으로 틀어주는데 왼손을 하늘을 향해 같이 틀어준다.

❷ 돌단 깊숙이 숨을 마셨다가 멈추어 비장에 기를 보낸다는 생각으로 하고 몸을 천천히 바로 하면서 숨을 내쉬고 준비자세를 취한다.

◉ **토법土法 · 양토陽土 | 하늘 : 올모[陽土], 몸속 : 밥통[胃]**

양신陽身과 양위陽胃로 유기해주어 밥통과 그 부속 기관이 강화되며 좋아진다.

❶ 준비자세에서 상체를 천천히 앞으로 숙이면서 왼손은 목 뒤를 잡고 오른손은 뻗쳐 든 뒤 상체를 서서히 오른쪽으로 틀어주는데 오른손을 하늘을 향해 같이 틀어준다.

❷ 돌단 깊숙이 숨을 마셨다가 멈추어 위에 기를 보내준다는 생각을 하고 몸을 천천히 바로하면서 숨을 내쉬고 준비자세를 취한다.

◉ 준비자세

양발은 11자가 되게 어깨 너비로 벌리고 양손은 가슴 앞에서 교차한 뒤 머리, 목, 척추 등은 반듯이 하고 눈은 정면을 바라보며 입은 다물고 선다. 이 동작은 천화법의 모든 동작이 끝나면 항시 해준다. 그리고 다음 동작을 염두에 두고 있어야 한다.

◉ 수법水法 · 음수陰水 | 하늘 : 홀매[陰水], 몸속 : 콩팥[腎臟]

❶ 준비자세에서 양손을 앞으로 뻗으며 손목을 굽히는데 손바닥은 바깥을, 손가락은 땅을 향한 채 오른발을 왼발 무릎 위에 얹는다.

❷ 돌단 깊숙이 숨을 마셨다가 멈추고 왼발을 천천히 무릎 굽혀 내리며 힘을 콩팥에 보낸다는 생각을 하고 몸을 아주 낮게 내린다.

❸ 천천히 숨을 내쉬며 일어나 원래 준비자세를 취한다.

◉ 수법水法 · 양수陽水 | 하늘 : 올매[陽水], 몸속 : 오줌통[膀胱]

❶ 준비자세에서 양손을 앞으로 뻗으며 손목을 굽히는데 손바닥은 바깥을, 손가락은 땅을 향한 채 왼발을 오른발 무릎 위에 얹는다.

❷ 돌단 깊숙이 숨을 마셨다가 멈추고 오른발을 천천히 무릎 굽혀 내리며 힘을 오줌통에 보낸다는 생각을 하고 몸을 아주 낮게 내린다.

❸ 천천히 숨을 내쉬며 일어나 원래 준비자세를 취한다.

단법과 운동

◉ 목법木法·음목陰木 | 하늘 : 홀남[陰木], 몸속 : 간[肝臟]

❶ 준비자세에서 왼발을 앞으로 멀리 내딛으며 무릎 굽히고, 오른발 뒤로 쭉 뻗으며, 왼손은 손바닥이 앞을 향한 채 손목은 굽혀 앞으로 뻗고, 오른손 좌측 무릎 밑으로 낮추되 손목을 안으로 굽혀 손가락이 안을 향하게 하고, 손등은 바깥을 향한다.

❷ 돌단 깊숙이 숨을 마셨다가 멈추고 눈은 왼손가락 끝을 바라보고 간에 힘을 보낸다 생각하며 몸을 천천히 낮춘다.

❸ 숨을 내쉬며 천천히 본래대로 일어선다.

◉ 목법木法·양목陽木 | 하늘 : 올남[陽木], 몸속 : 쓸개[膽]

❶ 준비자세에서 오른발을 앞으로 멀리 내딛으며 무릎 굽히고, 왼발 뒤로 쭉 뻗으며, 오른손은 손바닥이 앞을 향한 채 손목을 굽혀 앞으로 뻗고, 왼손 좌측 무릎 밑으로 낮추되 손목을 안으로 굽혀 손가락이 안을 향하게 하고, 손등은 바깥을 향한다.

❷ 돌단 깊숙이 숨을 마셨다가 멈추고 눈은 오른손 손가락 끝을 바라보고 쓸개에 힘을 보낸다 생각하며 몸을 천천히 낮춘다.

❸ 숨을 내쉬며 천천히 본래 대로 일어선다.

◉ 화법火法·음화陰火 | 하늘 : 홀묘[陰火], 몸속 : 염통[心臟]

❶ 준비자세에서 왼발을 왼쪽으로 멀리 쭉 뻗고 오른발 무릎을 굽히며 양손 좌우로 벌려 뻗고 손목 안으로 굽히는데 오른손을 조금 위로 하고 왼손을 아래로 조금 낮추어 일직선이 되도록 한다.

❷ 돌단에 숨을 깊숙이 마셨다가 멈추고 염통에 힘을 보낸다 생각하며 천천히 몸을 낮춘다.

❸ 숨을 내쉬며 천천히 본래대로 돌아간다.

◉ 화법火法·양화陽火 | 하늘 : 올묘[陽火], 몸속 : 작은창자[小腸]

❶ 준비자세에서 오른발을 오른쪽으로 멀리 쭉 뻗고 왼발 무릎을 굽히며 양손 좌우로 벌려 뻗고 손목 안으로 굽히는데 왼손을 조금 위로 하고 오른손을 아래로 조금 낮추어 일직선이 되도록 한다.

❷ 돌단에 숨을 깊숙이 마시고 멈추어 소장에 힘을 보낸다 생각하며 천천히 몸을 낮춘다.

❸ 숨을 내쉬며 천천히 본래대로 돌아간다.

◉ 토법土法 · 음토陰土 | 하늘 : 홀모[陰土], 몸속 : 지라[脾臟]

❶ 준비자세에서 왼발을 앞으로 멀리 내딛으며 무릎 굽히고 오른발은 쭉 뻗고 왼손은 손목을 위에서 아래로 굽히고 오른손은 손목을 밑에서 위로 굽혀 서로 응한다.

❷ 돌단 깊숙이 숨을 마시어 멈추고 양손을 뻗고 몸을 왼쪽으로 돌리며 지라에 힘을 보낸다 생각하고 몸을 천천히 낮춘다.

❸ 숨을 내쉬며 천천히 본래대로 일어선다.

◉ 토법土法 · 양토陽土 | 하늘 : 올모[陽土], 몸속 : 밥통[胃]

❶ 준비자세에서 오른발을 앞으로 멀리 내딛으며 무릎 굽히고 왼발은 쭉 뻗고 오른손은 손목을 위에서 아래로 굽히고 왼손은 손목을 밑에서 위로 굽혀 서로 응한다.

❷ 돌단 깊숙이 숨을 마셨다가 멈추고 양손을 뻗고 몸을 오른쪽으로 돌리며 밥통에 힘을 보낸다 생각하고 몸을 천천히 낮춘다.

❸ 숨을 내쉬며 천천히 본래대로 일어선다.

◉ 금법金法 · 음금陰金 | 하늘 : 홀단[陰金], 몸속 : 허파[肺臟]

❶ 준비자세에서 양손을 머리 위로 뻗어 주먹을 쥐고 양 손목을 서로 엇갈리게 한 뒤 오른발을 들어 왼발 무릎에 얹는다.

❷ 돌단에 숨을 깊숙이 마셨다가 멈추고 허파에 힘을 보낸다 생각하고 상체를 천천히 왼쪽으로 돌린다.

❸ 숨을 내쉬며 천천히 본래대로 돌아간다.

◉ 금법金法 · 양금陽金 | 하늘 : 올단[陽金], 몸속 : 큰창자[大腸]

❶ 준비자세에서 양손을 머리 위로 뻗어 주먹을 쥐고 양 손목을 서로 엇갈리게 한 뒤 왼발을 들어 오른발 무릎에 얹는다.

❷ 돌단에 숨을 깊숙이 마셨다가 멈추고 대장에 힘을 보낸다 생각하고 상체를 천천히 오른쪽으로 돌린다.

❸ 숨을 내쉬며 천천히 본래대로 돌아간다.

3) 말정리운동 末整理運動

오장육부와 그에 부속된 모든 기관의 기혈 순환을 도와 수승화강 작용을 원활하게 하여 머리가 맑아지고 또 머리가 자극을 받아 머리, 눈, 심장 등이 좋아지는 동작이다.

❶ 머리와 손을 바닥에 댄다.

❷ 양손과 머리가 삼각이 되도록 하고 팔꿈치에다 양발의 무릎을 올려놓는다.

❸ 숨을 천천히 조절하며 몸 전체를 거꾸로 선다.

☯동작이 안 되는 자는 머리만 바닥에 대다가 양발 바닥에 대고 양손 깍지 끼어 등 뒤에 얹고 하다가 차츰 숙달되면 거꾸로 선다. 동작을 하기 전에는 목 운동을 반드시 해주고 끝나면 갑자기 일어서지 말고 목을 천천히 만져주며 목 운동을 가볍게 하고서 일어난다. 거꾸로 서 있을 때는 돌단자리 숨쉬기를 한다.

상완골 上腕骨, 늑골, 척골, 손의 근골, 목, 척추, 가슴, 복근 등이 튼튼해지고 손가락 혈, 발가락 혈을 자극하여 장부가 강화되는 동작이다.

❶ 손가락 발가락만 바닥에 대고 몸 전체를 엎드려 뻗은 자세에서 팔을 굽혔다 폈다 동작을 반복한다.

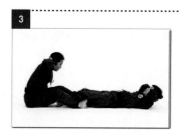

척추, 복근, 대흉근, 늑골, 등 근육, 대퇴부근, 허벅지 근육 등이 튼튼해지고 호흡기, 신경, 굴신 불능, 허리 등에 좋은 동작이다.

❶ 두 사람이 서로 발을 마주 걸고 양손은 목 뒤에 깍지 끼어 대고 한 사람이 일어나면 한 사람은 눕고 반대로도 하면서 반복한다.

☯숨을 조절하면서 행한다.

4

온몸에 기혈 순환이 잘 되도록 하며 손발의 경직을 풀어주는 동작이다.

❶ 누워서 양손 양발 들어 흔들기도 하고 뻗었다가 굽히기도 해준다.

5

몸과 마음의 모든 긴장을 풀어 기혈 순환이 잘 되도록 하며 척추, 늑골, 근육, 골절, 신경, 동정맥과 장부 각 기관에 수승화강이 원활해지고 음양 조화가 이루어지도록 해주는 동작이다.

❶ 양손 옆구리에 대고 허리를 왼쪽으로 6~8회, 오른쪽으로 6~8회 돌려준다.

6

동작이 끝나면 크게 숨쉬기를 해주며 조신調身과 조식調息과 조심調心이 동시에 이루어져 정체正體와 정식正息과 정심正心이 되어야 한다.

7

6번 동작과 같다.

氣化法作

基本動化

기화법 기본동작

1. 기화법 신체 사용 부위

가. 인체의 급소 및 공격 목표

혈六의 명칭

구분	정면正面			측면側面			배면背面		
상반부 (얼굴)	신정神庭	정명睛明	승읍承泣	견정肩井	이문耳門	청궁聽宮	천주天柱	아문瘂門	예풍翳風
	하관下關	수구水溝	협거頰車	천용天容					
	승장承漿	염천廉泉	인영人迎						
	부돌扶突	수돌水突	천돌天突						
	기사氣舍	인중人中	객주인客主人						
중반부 (팔)	선기璇璣	운문雲門	전중膻中	일월日月	경문京門	연액淵液	병풍秉風	신주身柱	황문肓門
	유중乳中	천지天池	천계天谿	곡지曲池	소해少海	양계陽谿	외관外關	관충關衝	완골腕骨
	극천極泉	구미鳩尾	거궐巨闕	수오리手五里	수삼리手三里		소택少澤	지양至陽	양지陽池
	중완中脘	천추天樞	장문章門				지실志室	합곡合谷	격유膈兪
	복애腹哀	기문期門	중주中柱						
	협백俠白	공최孔最	열결列缺						
	대릉大陵	소상少商	상양商陽						
	중충中衝	소충少衝	신문神門						
	태연太淵								
하반부 (다리)	회음會陰	부사府舍	기문箕門	양교陽交	풍시風市	구허丘墟	장강長强	승부承扶	위중委中
	충문衝門	음포陰包	중도中都	족규음足竅陰	슬양관膝陽關		위양委陽	승근承筋	비양飛揚
	용천湧泉	관원關元	중극中極	경골京骨			복삼僕參	곤륜崑崙	지음至陰
	기해氣海	귀래歸來	석문石門				요양관腰陽關	※내지음內至陰	
	음시陰市	독비犢鼻	조구條口						
	행간行間	통곡通谷	태충太衝						
	태계太谿	충양衝陽	은백隱白						
	대돈大敦	여태厲兌	태백太白						
	족삼리足三里	※제2여태第2厲兌							
	※중택中澤								

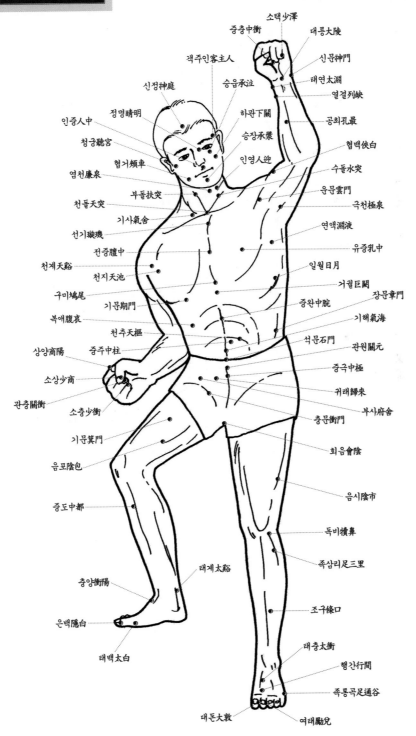

소택少澤
중충中衝
대릉大陵
객주인客主人
신문神門
신정神庭
승읍承泣
태연太淵
정명睛明
하관下關
열결列缺
인중人中
승장承漿
공최孔最
청궁聽宮
인영人迎
협백俠白
협거頰車
염천廉泉
수돌水突
부돌扶突
운문雲門
천돌天突
극천極泉
기사氣舍
연액淵液
선기璇璣
유중乳中
전증膻中
일월日月
천계天谿
거궐巨闕
천지天池
장문章門
구미鳩尾
중완中脘
기문期門
기해氣海
복애腹哀
석문石門
천추天樞
관원關元
상양商陽
중주中柱
중극中極
소상少商
귀래歸來
관충關衝
부사府舍
소충少衝
충문衝門
기문箕門
회음會陰
음포陰包
음시陰市
중도中都
독비犢鼻
족삼리足三里
태계太谿
충양衝陽
조구條口
은백隱白
태충太衝
행간行間
태백太白
족통곡足通谷
대돈大敦
여태厲兌

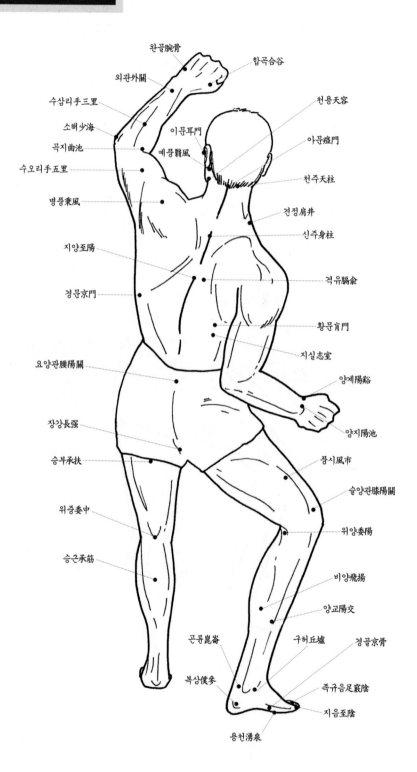

완골腕骨
합곡合谷
외관外關
천용天容
수삼리手三里
이문耳門
아문瘂門
소해少海
예풍翳風
곡지曲池
천주天柱
수오리手五里
견정肩井
신주身柱
병풍秉風
격유膈兪
지양至陽
황문肓門
경문京門
지실志室
양계陽谿
요양관腰陽關
양지陽池
장강長强
풍시風市
승부承扶
슬양관膝陽關
위중委中
위양委陽
승근承筋
비양飛揚
양교陽交
곤륜崑崙
구허丘墟
경골京骨
복삼僕参
족규음足竅陰
지음至陰
용천湧泉

나. 공격 및 방어 사용 부위

주먹	정관正貫		타관打貫	
	중관中貫		명관明貫	
	장관杖貫		소관小貫	
	중골中骨		하골下骨	
손	외수外手		내수內手	
	관지貫指		수부手扶	
	교관鉸貫		원관圓貫	
	장지長指		소지小指	
	전관前貫		장골掌骨	

	합관合貫		합골合骨	
	수장手掌		천골天骨	
	인지人指 (집게)		쌍지雙指	
팔목	수전골手前骨			
팔굽	관골貫骨			
발	외족外足		내족內足	
	합족合足		긍족亘足	
	원족圓足		족관足貫	

	압족壓足		광족廣足	
	후족後足		소족골小足骨	
	족판足板			
정강이	족정足正			
무릎	학골鶴骨			
머리	두정頭正			
	후정後正			

1) 주먹

주먹이란 소지부터 손가락을 말아 쥔 상태를 말하며 명칭과 사용법은 사용하는 부위와 모양에 따라 다르다.

정 · 관 · 正 · 貫

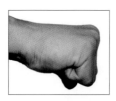  

네 개의 손가락, 즉 소지부터 힘 있게 말아 쥐며, 엄지로 검지와 중지를 감싸 쥔다.

사　용 | 검지와 중지의 첫 마디 관절 앞쪽 돌출 부위

목표혈 | 신정, 정명, 협거, 인중, 승장, 열결, 공최, 외관, 극천, 구미, 부사, 신주, 경문, 병풍,
　　　　　중완, 전중, 요양관

쥐는법 | ❶ 손바닥을 편다.

　　　　　❷ 소지부터 손끝을 말아 첫 번째 손가락 마디까지 쥔다.

　　　　　❸ 엄지로 검지와 중지를 감싸서 힘 있게 쥔다.

주의점 | ❶ 손목이 꺾이지 않도록 한다.

　　　　　❷ 손등과 팔뚝은 일직선 상태여야 한다.

　　　　　❸ 구부린 손가락 첫 마디가 손등과 직각을 이루는 상태여야 한다.

타 · 관 · 打 · 貫

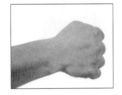

쥐는 법은 정관과 같다.
사 용 | 정관 상태에서 손 바
　　　　　 깥쪽 부분
목표혈 | 신정, 객주인, 기사,
　　　　　 일월

네 손가락을 힘 있게 붙여서 손가락 첫 마디부터 말아 쥐어 둘째 마디까지 굽혀 검지, 중지, 약지, 소지의 둘째 마디 관절 돌출 부위

사 용 | 엄지를 제외한 네 손가락 둘째 마디 관절 돌출 부위, 주먹보다 더 깊이 타격하는 데 유리

목표혈 | 정명, 협거, 수돌, 천돌, 기사, 협백, 구미, 중완, 기해, 부사, 기문, 음포, 회음, 아문, 외관, 열결, 곡지, 수삼리, 신주, 경문, 황문, 요양관, 위중, 승근, 중주

정관 상태에서 검지 둘째 마디 관절을 돌출되게 하고 밀려들지 않도록 엄지로 버틴다.

사 용 | 검지 둘째 마디 관절 돌출 부위

목표혈 | 유중, 열결, 공최, 아문

장 · 관 · 杖 · 貫

정관 상태에서 엄지와 검지를 곧게 펴서 벌려 세우고 엄지를 중지에 붙여 밀려들지 않게 버티며 엄지, 검지를 제외한 둘째 마디 관절 돌출 부위와 엄지와 검지의 끝 부위를 사용한다.

사 용 ｜ 중지, 약지, 소지 둘째 마디는 타격, 엄지와 검지는 찌르며 잡아 뜯는다.

목표혈 ｜ 염천, 수돌, 부돌, 천돌, 인영

소 · 관 · 小 · 貫

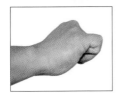

정관 상태에서 소지 둘째 마디 관절을 돌출시켜 타격한다.

사 용 ｜ 소지 둘째 마디 관절 돌출 부위

목표혈 ｜ 정명, 열결, 공최, 협백, 극천, 객주인, 기해, 천주, 외관, 곡지, 소해, 수오리, 경문, 황문, 요양관, 병풍, 신주, 염천

중 · 골 · 中 · 骨

정관 상태에서 중지 둘째 마디 관절을 돌출되게 하고 엄지를 대어 붙여 중지를 버틴다.

사 용 | 중지 둘째 마디 관절 돌출 부위. 혈을 타격 하는 데 충격을 크게 한다.

목표혈 | 승장, 인중, 구미, 중완, 수오리, 병풍, 양계, 승부

국선도 무예 교본

하 · 골 · 下 · 骨

정관 상태에서 검지와 엄지의 첫 마디 관절 돌출된 손등 쪽의 부위.

사 용 | 검지 중지 첫 마디 관절, 주먹 등쪽 돌출 부위로 타격

목표혈 | 신정, 객주인, 협거, 유중, 열결, 승장, 수삼리, 곡지, 외관, 소해, 수오리, 경문, 양관, 병풍, 신주, 천주, 수구, 인중

2) 손

손은 주먹과 반대로 손가락을 말아 쥐지 않고 편 상태로 사용하며 명칭과 사용법은 사용하는 부위와 모양에 따라 다르다.

외·수·外·手

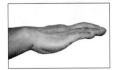

손가락을 쫙 펴서 붙인 다음 네 손가락은 끝 마디를 약간 구부리고 엄지도 끝 마디를 약간 구부려 검지에 붙여 댄다.

사 용 | 손목에서부터 소지 쪽까지 손바닥 외측 부위

목표혈 | 승장, 유중, 이문, 수돌, 기사, 일월, 부돌, 천용, 천돌, 경문, 장문

내·수·內·手

외수의 반대 내측 부위로, 엄지를 손바닥 안쪽으로 바짝 굽혀 접는다.

사 용 | 외수의 반대측 손바닥 내측 부위

목표혈 | 객주인, 이문, 협거, 일월, 승읍, 부돌, 수돌

관·지·貫·指

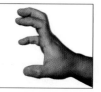

다섯 손가락 끝을 펴서 세우고
다섯 손가락 끝 마디를 굽혀
사용

사 용 | 다섯 손가락 끝

목표혈 | 인중, 협거, 기사, 유
중, 기해, 수돌, 염
천, 극천, 천돌, 일
월, 기해, 천지, 복애

국선도 무예 교본

수·부·手·扶

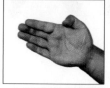

네 손가락을 붙이고 끝 마디를
약간 안으로 구부리고 엄지는
굽혀 손바닥에 붙여 대어 찌르
기에 주로 사용

사 용 | 엄지를 제외한 손가
락 끝

목표혈 | 인중, 중완, 음포, 회
음, 수돌, 일월, 곡
지, 경문, 복애, 천
돌, 기문, 정명

교 · 관 · 鉸 · 貫

다섯 손가락 끝을 펴서 붙이되 중지와 약지 사이를 가위처럼 벌리고 엄지는 약간 구부려 검지에 붙인다(검지와 중지가 붙고 약지와 소지가 붙는다).

🖐 검지와 중지만 쭉 펴서 벌려 사용하며 한쪽 눈을 찌를 땐 검지만 쭉 펴서 사용하거나 검지와 중지를 붙여 사용한다.

사 용 | 손가락 끝(두 눈을 동시에 찌르기)

목표혈 | 정명, 객주인, 천돌

원 · 관 · 圓 · 貫

다섯 손가락을 완전히 구부려 손가락 끝을 손바닥에 댄다.

사 용 | 네 개의 손가락 셋째 마디 관절 돌출 부위와 손바닥 전체

목표혈 | 협거, 하관, 경문, 신정

장 · 지 · 長 · 指

정관 상태에서 엄지손가락을 펴서 검지의 둘째 마디 관절 옆에 바짝 붙인다.

사 용 | 엄지손가락 끝

목표혈 | 객주인, 극천, 협백, 공최, 소해, 천주, 아문, 황문, 견정, 예풍

소 · 지 · 小 · 指

정관 상태에서 소지를 약지에 붙여 대고 편다.

사 용 | 새끼손가락 끝

목표혈 | 천돌, 승부, 견정, 정명

손을 편 상태에서 엄지 끝 부
분을 굽힌 검지 안쪽 부위에
바짝 대어 엄지가 밀려들지 않
게 버틴다. 또는 정관 상태에
서 엄지를 굽혀 대어 사용한다.

사　용 | 엄지손가락 둘째 마
　　　　　디 관절 돌출 부위

목표혈 | 신정, 객주인, 공최,
　　　　　협백, 수삼리, 외관,
　　　　　아문, 천주, 신주, 일
　　　　　월, 승근, 수돌, 부
　　　　　돌, 천용, 염천

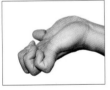

다섯 손가락을 약간 오므려 쥐어
손바닥 밑 부분을 사용한다.

사　용 | 손바닥 밑 부분(손목
　　　　　쪽)

목표혈 | 협거, 승장, 유중, 염
　　　　　천, 구미

합 · 관 · 合 · 貫

정관 상태에서 손등 부위

사 용 | 손등

목표혈 | 신정, 인중, 천주, 승
부, 객주인, 중완, 하
관

합 · 골 · 合 · 骨

다섯 손가락 끝을 모두 모아
뭉쳐서 손목을 손바닥 쪽으로
바짝 굽힌다.

사 용 | 굽힌 손등 쪽의 손목

목표혈 | 승장, 일월, 협거, 부
사, 천주, 병풍, 승
부, 중부, 염천

수 · 장 · 手 · 掌

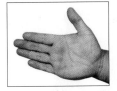

손바닥을 편 상태에서 엄지는
벌리고 네 손가락은 붙여 모은
손바닥 부위

사　용 | 손바닥 전체

목표혈 | 객주인, 중완, 장문, 협
　　　　　거, 이문

천 · 골 · 天 · 骨

정관 상태에서 엄지를 검지 속
으로 넣어 검지로 눌러 쥔다.

사　용 | 손가락 둘째 마디 관
　　　　　절부터 끝 마디 관절
　　　　　부위와 손바닥 부위

목표혈 | 객주인, 극천, 이문,
　　　　　아문, 신정

정관 상태에서 검지를 쭉 펴서 손가락 끝 부위, 엄지는 중지 에 붙여 댄다.

사 용 | 집게손가락 끝

목표혈 | 구미, 천돌, 협백, 승 부, 견정, 이문, 정명

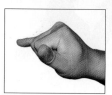

정관 상태에서 엄지와 소지를 쭉 편 손끝 부위

사 용 | 엄지손가락과 새끼손 가락 끝

목표혈 | 정명, 장문

3) 팔목

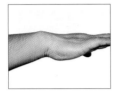

손바닥 외측 부위(외수)와 팔목
에서 팔꿈치 쪽 외측 부위
사 용 | 손바닥 외측 부위와
　　　　 팔꿈치 쪽으로 외측
　　　　 부위
목표혈 | 수돌, 통곡, 경문

4) 팔굽

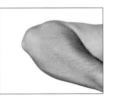

팔을 접어서 돌출된 팔꿈치 관
절 부위의 단단한 부분(팔굽)
사 용 | 팔꿈치 관절 돌출 부위
목표혈 | 구미, 일월, 신주, 요양
　　　　 관, 염천, 협거, 전중,
　　　　 지양

97

5) 발

발의 딱딱한 여러 부위를 사용하여 차고 때로는 방어하는 데 사용하며 명칭과 사용법은 사용하는 부위와 모양에 따라 다르다.

외 · 족 · 外 · 足

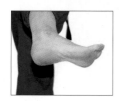

발바닥과 발등의 바깥쪽 모서리 외측 부위

목표혈 | 중완, 장문, 충문, 중도, 음시, 독비, 족삼리, 조구, 천주, 요양관, 장강, 승부, 위중, 위양, 풍시, 승근, 비양, 복삼, 곤륜, 인중, 전중

내 · 족 · 內 · 足

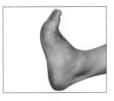

외족의 반대쪽, 발바닥 안쪽 내측 부위
목표혈 ㅣ 협거, 독비, 객주인, 이문

합 · 족 · 合 · 足

다섯 발가락 끝을 쭉 펴서 붙인 발등 앞 부위에서 발가락 끝까지
목표혈 ㅣ 협거, 중완, 아문, 기문, 음포, 음시, 회음, 충문, 부사, 장문, 극천, 협백, 열결, 대릉, 곡지, 황문, 장강, 위중, 비양, 승근, 위양, 독비, 풍시, 승부, 구미

기화법 기본 동작

긍 · 족 · 亘 · 足

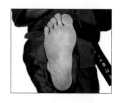

발가락을 발등 쪽으로 바짝 젖혀 올려서 돌출된 엄지발가락 안쪽 발바닥 부분

목표혈 ｜ 유중, 음포, 중도,
행간, 조구, 족삼리,
독비, 음시, 충문,
장문, 장강, 위중,
비양, 복삼, 곤륜,
승근, 위양, 요양관,
신주, 중완, 염천,
경문, 기해, 하관

원 · 족 · 圓 · 足

발 뒤쪽 아래 뒤꿈치 부위

목표혈 ｜ 승장, 기해, 통곡,
음시, 독비, 회음,
장강, 비양, 구미,
염천, 전중

족 · 관 · 足 · 貫

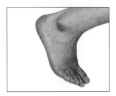

발 뒤쪽 아래 뒤꿈치 외측 부위
목표혈 | 기사, 구미, 중도, 행
간, 통곡, 조구, 족
삼리, 독비, 충문,
장강, 위중, 비양,
복삼, 요양관, 회음,
중완

압 · 족 · 壓 · 足

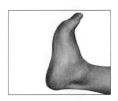

발 뒤쪽 아래 뒤꿈치 내측 부위
목표혈 | 신정, 기사, 구미, 독
비, 천주, 견정, 경
문, 장문, 하관

광 · 족 · 廣 · 足

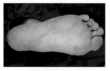

발바닥 전체 부위(발뒤축부터
발가락까지)
목표혈 | 협거, 중완, 기해, 회
음, 구미, 경문

후 · 족 · 後 · 足

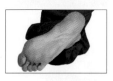

발뒤꿈치 발바닥 부위
목표혈 | 협거, 기해, 행간, 회
음, 충문

소 · 족 · 골 · 小 · 足 · 骨

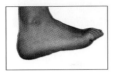

새끼발가락 외측 첫째 마디 관절 돌출 부위

목표혈 | 구미, 기문(다리), 승산, 경문, 양교, 중완

족 · 판 · 足 · 板

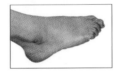

발의 윗부분 전체, 즉 발가락을 제외한 발등과 발목 부위(발을 걸어 타격하는 데도 사용)

목표혈 | 협거, 장문, 독비, 충문, 승부, 위중, 양교, 승산, 천주, 아문

6) 정강이

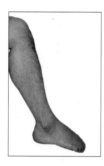

무릎과 발목 사이의 정강이 다리뼈 부위(경골, 비골이 있는 부위)
목표혈 | 장문, 풍시

7) 무릎

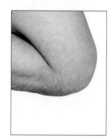

다리를 굽혀서 돌출되는 무릎관절로, 앞쪽 슬개골 단단한 부위
목표혈 | 신정, 승장, 중완, 구미, 염천

8) 머리

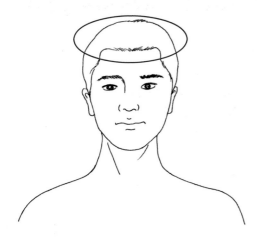

정수리 부위
목표혈 | 신정, 정명, 면상 부위

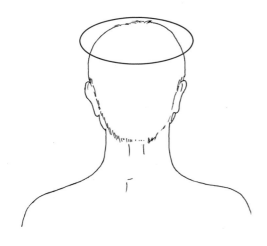

머리 뒤쪽 부위
목표혈 | 신정, 정명, 면상 부위

105

기
화
법
기
본
동
작

2. 기화법氣化法의 기본

가. 준비 및 기마자세騎馬姿勢

준 · 비 · 자 · 세

❶ 외공外功의 기본자세.

❷ 어깨 너비로 벌린다. 11자가 되게 하고 서서 양손은 가슴 앞에 교차하고 눈은 전면前面을 똑바로 바라본다.

❸ 돌단자리丹田 숨쉬기를 하면서 온몸의 진기眞氣를 돌단丹田에 모으고 서서히 손끝까지 유기流氣하며 몸을 가볍게 생각하고 선다.

기 · 마 · 자 · 세 · 1식 · 2식 · 3식

❶ 양발 어깨 너비로 벌리고 선다. 또는 각각 한 발자국 옆으로 더 벌린다.

❷ 척추를 세우고 가슴을 펴고 말탄자세가 되도록 선다.

❸ 기마1식騎馬1式은 양손을 편안히 늘어뜨리고 돌단자리 숨쉬기를 한다.

❹ 기마2식騎馬2式은 양손을 가슴 앞으로 둥글게 모으고 돌단자리 숨쉬기를 한다.

❺ 기마3식騎馬3式은 양손을 옆으로 벌려 손목에 힘을 빼고 돌단자리 숨쉬기를 한다.

나. 행보법行步法

발을 옮기며 또는 제자리에 서서 행하는 걸음의 방법方法이며 자세가 된다.
준비자세에서 돌단자리 숨쉬기를 하고 행보법을 한다.

정 · 보 · 正 · 步

❶ 준비자세에서 돌단자리丹田 숨쉬기를 한다.
❷ 왼발이나 오른발을 1보 전면前面으로 나간다.
❸ 전면으로 나간 발은 무릎을 약간 굽히고 후면後面 발은 쭉 뻗는다.
❹ 앞발과 뒷발의 간격은 뒷발 무릎 굽혀 주먹 하나가 드나들 수 있
  을 정도로 여유롭게 한다.
❺ 양손의 위치는 나간 발쪽의 손은 함께 나가고 뒤에 있는 발쪽의
  손은 회음, 하체를 방어하는 자세를 취한다.
❻ 전면에 나간 손은 때에 따라서 변화를 준다.
❼ 돌단자리 숨쉬기를 하며 천천히 진보進步한다.

원 · 정 · 보 · 遠 · 正 · 步

❶ 준비자세에서 돌단자리 숨쉬기를 한다.
❷ 정보 자세와 같으나 발을 더 멀리 내딛고 몸을 낮춘다(정보 보폭의
  1배 반 정도).
❸ 정보 자세와 같고 상체 약간 앞으로 숙이는 듯하되 가슴은 쭉 편다.
❹ 급히 공격 시에는 때에 따라 보폭이 더 길어질 수 있다.
❺ 전면에 나간 손은 때에 따라서 변화를 준다.
❻ 돌단자리 숨쉬기를 하며 천천히 진보進步한다.

상 · 보 · 象 · 步

❶ 준비자세에서 돌단자리 숨쉬기를 한다.

❷ 정보 자세에서 양발 무릎 굽혀 앞발은 무릎을 세우고 뒷발을 무릎을 바닥에 대고 앉는다.

❸ 가슴을 펴고 척추는 반드시 세운다.

❹ 무릎 세운 쪽의 손은 앞으로 뻗고 반대 손은 회음, 하체 부위를 방어한다.

❺ 정보 자세와 같이 사용에 따라 바뀌며 숙달되면 뒷무릎을 바닥에서 약간 뗀다.

❻ 일어나면서 공격 및 방어가 이어지도록 한다.

❼ 돌단자리 숨쉬기를 하며 진보進步한다.

국선도 무예 교본

전 · 보 · 前 · 步

❶ 준비자세에서 돌단자리 숨쉬기를 한다.

❷ 양발 어깨 너비로 벌린다. 또는 각각 한 발자국 옆으로 더 벌린다.

❸ 양 무릎 굽히고 발은 11자가 되게 한다(말탄자세, 기마자세).

❹ 척추를 세우고 가슴을 펴고 양 허벅지와 무릎은 말의 옆구리를 조이듯 취한다.

❺ 한 손은 뻗고 한 손은 회음, 하체 부위 방어, 때에 따라서 양손을 함께 뻗어 사용하기도 한다.

❻ 공격한 손의 모양도 혈 부위에 따라 수시로 바꾸며 사용한다.

❼ 돌단자리 숨쉬기를 하며 진보進步한다.

교·보·交·步

❶ 준비자세에서 돌단자리 숨쉬기를 한다.
❷ 양발을 교차하고 몸을 낮춘다.
❸ 손 또는 발로서 언제라도 공격과 방어를 할 수 있는 마음의 자세를 갖추되 몸은 가볍게 한다.
❹ 상대를 예의주시銳意注視하고 마음의 자세를 취한다.
❺ 돌단자리 숨쉬기를 하며 진보進步한다.

학·보·鶴·步

❶ 준비자세에서 돌단자리 숨쉬기를 한다.
❷ 한 발에 중심을 잡고 한 발을 들어서 중심 잡은 발의 무릎 안쪽에 가볍게 댄다.
❸ 중심 잡은 발의 손은 머리 위 수직으로 뻗되 손목 굽혀 손가락이 앞을 향하게 한다.
❹ 든 발의 손은 어깨 높이 옆으로 뻗어 손목을 굽혀 손가락이 뒤를 향하게 한다.
❺ 돌단자리 숨쉬기를 하며 진보進步한다.

직·보·直·步

❶ 준비자세에서 돌단자리 숨쉬기를 한다.
❷ 양발을 멀리 벌린다.
❸ 한 발은 무릎을 굽혀서 발뒤꿈치가 항문 부위에 가까워지게 하고 양손 좌우로 뻗는다.
❹ 옆으로 발 사이 보폭이 없게 1자가 되도록 하고 무릎 굽힌 쪽 손은 손목을 굽혀 손가락이 앞을 향하고 반대 손은 뻗어 손가락이 뒤를 향하게 한다.
❺ 돌단자리 숨쉬기를 하며 진보進步한다.

측·보·側·步

❶ 준비자세에서 돌단자리 숨쉬기를 한다.
❷ 양발 어깨 너비로 벌린다. 또는 한 발자국 더 멀리 벌린다.
❸ 혈타穴打 방면의 발은 무릎을 굽히고 반대쪽 발은 무릎을 쭉 뻗는다.
❹ 무게 중심을 이동하며 혈타 방향을 자유롭게 가진다.
❺ 돌단자리 숨쉬기를 하며 진보進步한다.

후·보·後·步

❶ 준비자세에서 돌단자리 숨쉬기를 한다.
❷ 정보에서 양발 무릎을 약간 굽히고 뒤의 발을 측면側面으로 놓는다.
❸ 앞발은 가볍게 하고 뒷발에 중심을 더하여 자세를 취한다.
❹ 돌단자리 숨쉬기를 하며 천천히 진보進步한다.

원 · 후 · 보 · 遠 · 後 · 步

❶ 준비자세에서 돌단자리 숨쉬기를 한다.
❷ 후보에서 양발을 더 벌리며 뒷발에 중심을 더하여 자세를 취한다.
❸ 몸을 최대로 낮추어서 자세를 취한다.
❹ 돌단자리 숨쉬기를 하며 진보進步한다.

반 · 보 · 半 · 步

❶ 준비자세에서 돌단자리 숨쉬기를 한다.
❷ 정보 자세나 측보 자세에서 보폭의 거리가 반이 된다.
❸ 돌단자리 숨쉬기를 하며 진보進步한다.

원 · 보 · 圓 · 步

❶ 준비자세에서 돌단자리 숨쉬기를 한다.
❷ 갑자기 원을 그리며 상체를 혈타 방향으로 몸을 회전하는 자세다.
❸ 돌단자리 숨쉬기를 하며 진보進步한다.

회 · 보 · 回 · 步

◉ 모든 보법이 회전을 필요로 하여 진보進步할 때 또는 방향 전환할 때의 자세를 말한다.

다. 족술足術

발을 사용하여 상대의 목표를 타격打擊함으로써 상대를 제압하는 기술技術을 말한다. 무릎을 접었다 펴는 힘, 편 상태에서 무릎을 접는 힘, 편 상태에서 다리를 돌리거나 또는 손을 이용하여 또는 몸을 회전하는 힘을 이용하여 발을 사용함으로써 상대를 타격하기도 한다. 발과 다리의 움직임에 따라 기술이 여러 가지로 나뉜다. 준비자세에서 돌단자리升田 숨쉬기를 하고 족술足術을 시작하며 숙달할 때는 돌단자리 숨쉬기를 하면서 천천히 부드럽게 하되 정점頂點에서는 잠시 머물렀다가 천천히 원위치한다.

족 · 술 · 足 · 術

1. 합족 앞차올리기
2. 긍족 앞차기
3. 외족 옆차기
4. 합족 돌려차기
5. 원족 뒤돌려차기
6. 족관 뒤차기
7. 내족 후리기
8. 압족 내려찍어차기(내려차기)
9. 긍족 틀어차기
10. 후족 감아차기
11. 족판 반월차기
12. 땅 짚고 합족 앞올려차기[座亘]
13. 땅 짚고 외족 옆차기
14. 땅 짚고 원족 차기
15. 몸 구르며 누워차기
16. 손발 한쪽 땅 짚고 차기[座天]
17. 한 손 짚고 무릎 펴고 차기[座直]
18. 누워서 몸 전체 들고 긍족 차기
19. 뛰어차기
20. 혼합차기
21. 한 발 연속차기
22. 앉아 회전하며 족판 차기[座回]

❶ 준비자세에서 돌단자리 숨쉬기를 한다.

❷ 차는 쪽 다리의 무릎을 펴고서 가슴 가까이 들어올린다.

❸ 찬 쪽의 발을 반작용으로 원위치한다.

❹ 차올리는 발은 때에 따라서 변화시킨다(합족, 긍족, 후족 등).

❺ 돌단자리 숨쉬기를 하며 천천히 숙달한다.

❶ 준비자세에서 돌단자리 숨쉬기를 한다.

❷ 차는 쪽 다리의 무릎을 접으면서 가슴 가까이 끌어 올린다.

❸ 접었던 무릎을 펴면서 전면前面으로 앞 축이나 발등을 내뻗어 회음, 단전, 명치, 턱 등 목표를 맞춘다.

❹ 찬 쪽의 발은 반작용으로 무릎을 접어 끌면서 원위치한다.

❺ 차는 발은 때에 따라서 변화시킨다(긍족, 합족, 광족 등).

❻ 돌단자리 숨쉬기를 하며 천천히 숙달한다.

❶ 준비자세에서 돌단자리숨쉬기를 한다.

❷ 차는 쪽 다리의 무릎을 접어 올리면서 몸을 차는 방향의 반대로 틀면서 무릎을 뻗으며 뒤축이나 발 날로 타격한다(외족, 광족, 족관 등).

❸ 차는 쪽 손은 차는 방향으로 쭉 뻗는다.

❹ 골반이 엎어지듯이 틀면서 고개를 젖혀 시선은 타격하는 곳을 바라보고 몸통은 비틀어지는 상황이 되면서 뒤축 또는 발 날이 강하게 타격을 하는 것이다.

❺ 상체는 차는 순간 뒤쪽으로 눕혀서는 안 되며 상체를 일으켜 Y자 모양이 되게 한다.

❻ 차는 발은 시작점부터 타격점까지 일직선이 되도록 뻗어서 타격한다.

❼ 찬 발은 반작용으로 원위치한다.

❽ 돌단자리 숨쉬기를 하며 천천히 숙달한다.

❶ 준비자세에서 돌단자리 숨쉬기를 한다.

❷ 축軸이 되는 발에 체중을 실으면서 차는 다리의 무릎을 접는다.

❸ 몸을 회전할 때 접었던 무릎을 펴면서 수평으로 돌며 앞축이나 발등, 뒤축으로 타격한다.

❹ 축이 되는 발은 무릎과 발목을 펴서 회전이 잘되게 한다.

❺ 찬 발은 반작용으로 원위치한다.

❻ 차는 발은 때에 따라서 변화시킨다(합족, 긍족, 족판, 원족, 압족, 소족골 등).

❼ 돌단자리 숨쉬기를 하며 천천히 숙달한다.

❶ 준비자세에서 돌단자리 숨쉬기를 한다.

❷ 앞발을 축으로 몸을 시계 방향으로 돌리면서 또는 그 반대 방향으로 돌리면서 몸의 회전력을 이용
   하여 몸과 찬 다리를 360도 완전 회전하여 상대방을 타격하고 제자리에 내려딛는다.

❸ 차는 발은 발차기 종류, 사용 부위에 따라서 다양하게 변화시킨다(원족, 압족, 족관, 광족, 외족 등).

❹ 돌단자리 숨쉬기를 하면서 천천히 숙달한다.

기
화
법 기

본 동

작

❶ 준비자세에서 돌단자리 숨쉬기를 한다.

❷ 차는 다리를 끌어 올려 반대편 다리 무릎 안쪽을 스치듯이 뒤쪽으로 뻗어 찬다.

❸ 시선은 차는 방향을 바라보며 앞발 또는 뒷발을 끌어 올렸다가 차기도 한다.

❹ 몸 돌려 뒤차기는 차는 발의 반대 발을 차는 방향으로 기마자세를 취하며 앞발을 축으로 몸을 틀어 반대편 다리 무릎 안쪽을 스치듯이 뒤쪽으로 뻗어 찬다(족관, 원족, 압족, 후족 등).

❺ 찬 발은 반작용으로 원위치한다.

❻ 돌단자리 숨쉬기를 하며 천천히 숙달한다.

뒤·차·기

몸·돌·려·뒤·차·기

❶ 준비자세에서 돌단자리 숨쉬기를 한다.

❷ 한 발을 축으로 차는 발을 밖에서 안쪽으로 원을 그리며 목표를 후리듯이 타격한다. 안쪽 후리기라고 한다(내족, 광족 등).

❸ 한 발을 축으로 차는 발을 안에서 바깥쪽으로 원을 그리며 목표를 후리듯이 타격한다. 바깥쪽 후리기라고 한다(외족, 족판 등).

❹ 돌단자리 숨쉬기를 하며 천천히 숙달한다.

안 · 쪽

바 · 깥 · 쪽

압·족·내·려·찍·어·차·기

❶ 준비자세에서 돌단자리 숨쉬기를 한다.

❷ 차는 발을 머리 위까지 끌어올려 무릎 펴서 아래로 찍듯이 내려 찬다.

❸ 상대가 약간 떨어져 있을 때는 무릎을 접어서 몸 가운데로 접어 끌어 올렸다가 찍듯이 내려 차기를 한다.

❹ 안쪽 내려 차기 : 밖에서 끌어 올려 안으로 내려찍듯이 찬다.

　바깥쪽 내려 차기 : 몸 안쪽으로 끌어올려 바깥쪽으로 내려찍듯이 찬다.

❺ 찬 발은 반작용으로 원위치한다.

❻ 때에 따라서 압족, 광족, 원족, 족관, 후족 등을 사용한다.

❼ 돌단자리 숨쉬기를 하며 천천히 숙달한다.

긍·족·틀·어·차·기

❶ 준비자세에서 돌단자리 숨쉬기를 한다.

❷ 한발을 축으로 차는 발을 무릎을 굽혀 앞차기와 같이 끌어 올린다.

❸ 몸 정면을 지나 축이 된 발 바깥쪽으로 나가다가 다시 차는 발 방향으로 틀면서 바꾸어 접었다 무릎을 뻗으며 타격한다(긍족, 족판, 합족 등).

❹ 찬 발은 반작용으로 원위치한다.

❺ 돌단자리 숨쉬기를 하며 천천히 숙달한다.

❶ 준비자세에서 돌단자리 숨쉬기를 한다.

❷ 뒤돌려차기나 옆차기를 차는 순간 상대가 피하여 접근했을 때 무릎을 접는 힘으로 뒤꿈치로 찍듯이 머리나 등을 타격한다. 목을 감아서 제압하기도 한다.

❸ 후족, 족관, 압족, 원족 등을 사용한다.

❹ 찬 발은 반작용으로 원위치한다.

❺ 돌단자리 숨쉬기를 하며 천천히 숙달한다.

❶ 준비자세에서 돌단자리 숨쉬기를 한다.

❷ 긍족 또는 족판으로 돌려차기와 앞차기의 중간 정도를 비스듬하게 원을 그리며 타격한다.

❸ 찬 발은 반작용으로 원위치한다.

❹ 돌단자리 숨쉬기를 하며 천천히 숙달한다.

❶ 준비자세에서 돌단자리 숨쉬기를 한다.

❷ 양손가락 뒤로 땅을 짚고 앉거나 또는 한 손 손가락만 땅을 짚는다.

❸ 축이 되는 발의 앞 축을 딛고 양손 팔꿈치는 펴는 동시에 차는 발은 무릎을 펴면서 회음을 쭉 뻗어 찬다(합족, 긍족 등).

❹ 찬 발은 반작용으로 원위치한다.

❺ 몸을 구르며 동시에 타격하기도 한다.

❻ 돌단자리 숨쉬기를 하며 천천히 숙달한다.

❶ 준비자세에서 돌단자리 숨쉬기를 한다.

❷ 차는 방향 반대쪽으로 몸을 틀어 양손가락 땅을 짚는다.

❸ 축이 되는 발은 다리를 옆으로 'ㄴ'자로 세우고 무릎과 발가락은 땅에 대고 차는 발을 무릎을 끌어 접었다가 쭉 뻗어 타격한다(외족, 족관, 소족골 등).

❹ 찬 발을 반작용으로 원위치한다.

❺ 몸을 구르며 동시에 타격하기도 한다.

❻ 돌단자리 숨쉬기를 하며 천천히 숙달한다.

❶ 준비자세에서 돌단자리 숨쉬기를 한다.

❷ 양 무릎을 펴고 양손가락 땅을 짚는다. 또는 한 손만 땅을 짚는다.

❸ 차는 발의 무릎을 접어 축이 되는 발의 무릎 안쪽에 대는 듯했다가 쭉 뻗어 상대방 회음, 명치, 턱 등을 타격한다(원족, 후족 등).

❹ 들어 걷어 올리듯이 타격하기도 한다.

❺ 찬 발은 반작용으로 원위치한다.

❻ 몸을 구르며 동시에 타격하기도 한다.

❼ 돌단자리 숨쉬기를 하며 천천히 숙달한다.

❶ 준비자세에서 돌단자리 숨쉬기를 한다.

❷ 낙법落法을 행하여 구르는 추진력을 얻어서 발과 손을 사용하여 목표를 타격한다(긍족, 합족, 외족, 소족골 등).

❸ 사용하는 때에 따라서 다양하게 변화시킨다.

❹ 돌단자리 숨쉬기를 하며 숙달한다.

❶ 준비자세에서 돌단자리 숨쉬기를 한다.

❷ 차는 발의 반대편 손은 땅 짚고 발은 무릎 굽혀 땅에 대고 낮추며 차는 발의 손은 쭉 뻗으며 타격한다(외족, 광족, 소족골, 긍족, 족관, 후족 등).

❸ 몸을 구르며 동시에 타격하기도 한다.

❹ 사용하는 때에 따라서 다양하게 변화시킨다.

❺ 돌단자리 숨쉬기를 하며 숙달한다.

❶ 준비자세에서 돌단자리 숨쉬기를 한다.

❷ 차는 발의 반대편 손만 땅을 짚고 무릎은 펴고 차는 발의 손은 쭉 뻗으며 타격한다.

❸ 몸을 구르며 동시에 타격하기도 한다.

❹ 사용하는 때에 따라서 다양하게 변화시킨다.

❺ 돌단자리 숨쉬기를 하며 숙달한다.

❶ 준비자세에서 돌단자리 숨쉬기를 한다.

❷ 누워서 양손 양발 땅에 대고 몸 전체 들어올리며 동시에 차는 발은 쭉 뻗으며 타격한다(긍족, 합족 등).

❸ 돌단자리 숨쉬기를 하며 숙달한다.

뛰 · 어 · 차 · 기

❶ 준비자세에서 돌단자리 숨쉬기를 한다.

❷ 공중으로 뛰어오르며 한쪽 발 또는 양발로 타격한다(긍족, 합족, 족관, 외족 등).

❸ 뛰어오를 땐 양발 동시에, 앞발 또는 뒷발로 밀어 올린다.

❹ 사용하는 때에 따라서 다양하게 변화시킨다.

❺ 돌단자리 숨쉬기를 하며 숙달한다.

❶ 준비자세에서 돌단자리 숨쉬기를 한다.

❷ 한 발은 땅에 딛고 차는 발은 두 가지 이상의 다른 차기를 한다.

❸ 사용하는 때에 따라서 다양하게 변화시킨다.

❹ 돌단자리 숨쉬기를 하며 숙달한다.

❶ 준비자세에서 돌단자리 숨쉬기를 한다.

❷ 한 발은 땅을 딛고 차는 발은 같은 차기를 두 번 이상 연속 찬다.

❸ 사용하는 때에 따라서 다양하게 변화시킨다.

❹ 돌단자리 숨쉬기를 하며 숙달한다.

앞 · 아 · 회 · 전 · 하 · 며 · 족 · 판 · 차 · 기

❶ 준비자세에서 돌단자리 숨쉬기를 한다.

❷ 한 손 땅을 짚으며 땅 짚은 손의 발을 축으로 앉으며 돌아 타격한다. 숙달되면 손을 짚지 않고 타격한다. 양손을 짚고 앉으며 뒤돌려 타격한다(족판, 원족, 소족골 등).

❸ 사용하는 때에 따라서 다양하게 변화시킨다.

❹ 돌단자리 숨쉬기를 하며 숙달한다.

15 족술은 사용하는 때에 따라서 다양하게 변화를 주어 타격한다.

129

기 화 법 기 본 동 작

라. 수법 手法과 각법 脚法

공격과 방어를 익히는 기본법으로 준비자세에서 돌단자리 숨쉬기를 하면서 시작하여 서서히 부드럽게 숙달한다.

1

◉ 준비자세
돌단자리 숨쉬기를 한다.

2

◉ 쌍외수 하단 막기
좌족을 우족 무릎 안쪽에 대는 듯하였다가 전보 자세 취하며 쌍외수 하단 방어

3

◉ 좌관지 타격
전보 자세에서 전면으로 좌관지 타격 동시 우수 회음 부위 하단 방어
◉ 우관지 타격
전보 자세에서 전면으로 우관지 타격 동시 좌수 회음 부위 하단 방어

4

◉ 좌합골 타격

　전보에서 좌측 방향으로 측보 전환하면서 좌합골 공격
　동시 우수 회음 부위 하단 방어

◉ 우합골 타격

　우측 방향으로 측보로 우합골 공격 동시 좌수 회음
　부위 하단 방어

5

◉ 좌수 상방

　전보로 전환하면서 좌수 상단 방어 동시 우수 회음
　부위 하단 방어

◉ 우수 상방

　전보에서 우수 상단 방어 동시 좌수 회음 부위 하단
　방어

6

◉ 좌정관 타격

　좌족을 들어 우족 무릎 안쪽에 대는 듯하였다가 전보 취
　하며 좌측으로 좌정관 타격, 우수 회음 부위 하단 방어

◉ 우정관 타격

　우족을 들어 좌족 무릎 안쪽에 대는 듯하였다가 전보
　취하며 우측으로 우정관 타격, 좌수 회음 부위 하단
　방어

7

◉ 쌍외수 하단 막고 내수 타격(좌)

　좌측 방향으로 교보로 전환 후보 취하며 쌍외수 하단
　방어, 1보 전진하여 정보 취하며 좌내수 타격, 우수
　회음 부위 하단 방어

◉ 쌍외수 하단 막고 내수 타격(우)

　우측 방향으로 교보로 전환 후보 취하며 쌍외수 하단
　방어, 1보 전진하여 정보 취하며 우내수 타격, 좌수
　회음 부위 하단 방어

기 화 법 기 본 동 작

8

◉ 관골 턱치고 돌아 명치 타격(좌)
  좌족을 당겼다가 좌측으로 틀며 정보 취하며 동시 우관골
  공격, 우족 뛰어 돌아 좌측보 취하며 좌관골 타격
◉ 관골 턱치고 돌아 명치 타격(우)
  우족을 당겼다가 우측으로 틀며 정보 취하며 동시 좌관골
  공격, 좌족 뛰어 돌아 우측보 취하며 우관골 타격

9

◉ 쌍중골 턱 치고, 양수 상방, 쌍타관, 쌍수부 찌르기
  전보로 전환하며 양손 쌍중골로 턱을 올려 타격하고
  이어 양수 상단 방어하고 이어 내리면서 양손 타관
  일월혈을 타격하고 이어 양손 수부로 장문혈을 타격

10

◉ 좌중관 타격
  좌전방 좌상보 취하며 좌중관 공격 동시 우수 회음
  부위 하단 방어
◉ 우중관 타격
  우전방 우상보 취하며 우중관 공격 동시 좌수 회음
  부위 하단 방어

11

◉ **좌합관 타격**

　우족 뒤로 원정보로 전방 취하며 좌합관 타격 동시 우수 회음 부위 하단 방어

◉ **우합관 타격**

　좌족 뒤로 원정보로 전방 취하며 우합관 타격 동시 좌수 회음 부위 하단 방어

12

◉ **좌교관 타격**

　전방 방향 좌정보로 좌교관 타격 동시 우수 회음 부위 하단 방어

◉ **우교관 타격**

　전방 방향 우정보로 우교관 타격 동시 좌수 회음 부위 하단 방어

13

◉ **좌장관 타격**

　좌전방으로 원정보로 나가면서 좌장관으로 염천혈을 타격 동시 우수 회음 부위 하단 방어

◉ **우장관 타격**

　우전방으로 원정보로 나가면서 우장관으로 염천혈을 타격 동시 좌수 회음 부위 하단 방어

14

◉ 좌족 당기며 양손 끌어올렸다가 내딛으며 이어서 양발 뒤꿈치 세웠다가 내려 전보 취하며 양손 바닥 땅을 향하고 천천히 누르며 내린다.

15

◉ 준비자세

1

◉ 준비자세
  돌단자리 숨쉬기를 한다.

2

◉ 좌전방으로 후보로 전환하여 방어 자세 취한다.

3

◉ 긍족 타격하고 압족 내려차기
  후보에서 좌긍족으로 천천히 타격하고 이어 우압족으로
  빠르게 내려찍듯이 타격
  우전방으로 후보로 전환하여 우긍족으로 천천히 타격
  하고 이어 좌압족으로 빠르게 내려찍듯이 타격

◉ 외족 타격하고 두 번 연속 외족
타격하기

　좌전방으로 후보로 전환하여 좌
외족으로 천천히 타격하고 이어
우외족으로 빠르게 두 번 연속
타격한다.
　우전방으로 후보로 전환하여 우
외족으로 천천히 타격하고 이어
좌외족으로 빠르게 두 번 연속
타격한다.

5

◉ 합족으로 타격하고 족판 돌려차기

　좌전방으로 후보로 전환하여 좌합족으로 천천히 타격
하고 이어 우족판으로 빠르게 돌려차서 타격한다.
　우전방으로 후보로 전환하여 우합족으로 천천히 타격
하고 이어 좌족판으로 빠르게 돌려차서 타격한다.

기
화
법
기
본
동
작

6

◉ **족관으로 뒤차기 타격하고 내족으로 후리기**

좌전방으로 후보로 전환하여 좌족관으로 뒤차기 타격
하고 이어 우내족으로 빠르게 얼굴을 후리듯이 타격
우전방으로 후보로 전환하여 우족관으로 뒤차기 타격
하고 이어 좌내족으로 빠르게 얼굴을 후리듯이 타격

7

◉ **소족골 타격하고 원족으로 타격**

좌전방으로 후보로 전환하여 소족골로 천천히 타격하고
이어 우원족으로 빠르게 턱을 타격
우전방으로 후보로 전환하여 소족골로 천천히 타격하고
이어 좌원족으로 빠르게 턱을 타격

8

◉ 학골 타격하고 광족 후리고
족정 타격

좌전방으로 후보로 전환하여 좌
학골로 가슴 부위를 타격하고
이어 우광족으로 뒤돌려 얼굴
부위를 후리고 이어 우족정으로
옆구리 부위를 타격

우전방으로 후보로 전환하여 우
학골로 가슴 부위를 타격하고
이어 좌광족으로 뒤돌려 얼굴
부위를 후리고 이어 좌족정으로
옆구리 부위를 타격

◉ 돌단자리 숨쉬기를 하며 준비자세

마. 낙법落法

  낙법은 공중空中에서 지면地面으로 떨어질 때 관절이나 근육 등에 상처를 입지 않고 예상치 못한 위험 상황의 외부 충격으로부터 몸을 보호하는 수단이다. 낙법은 스스로 치는 것으로서 손발 기술을 연결하여 상대에 공격을 가하기도 하고 또한 상대방 작용의 흐름을 타서 낙법을 받아 몸을 보호하는 효과적인 방법이다. 지면에 떨어져 닿는 순간 몸의 일부인 손이 먼저 닿아 충격을 흡수하는 순간을 낙법이라고 말하기도 하며 다음 공격, 방어로 전환하고자 이어지는 구르기라고도 할 수 있다. 낙법은 부드럽고 자연스럽게 그 흐름에 순행하여 힘을 치중하지 말고 몸 전체로 고루 퍼지게 한다. 종류는 회전回轉 낙법, 전방前方 낙법, 측방側方 낙법, 후방後方 낙법, 활용에 따라 특수特殊 낙법이 있다.

회 · 전 · 낙 · 법

❶ 한 발이 1보 전진하며 양팔을 둥글게 하여 손가락 끝을 지면에 대고서 나간 발의 팔을 원을 그리며 앞으로 구른다. 머리 방향은 나간 발의 방향으로 45도 돌려주며 머리는 지면에 닿지 않게 한다.
❷ 나간 발의 반대쪽 손바닥으로 몸이 지면에 닿기 직전에 힘 있게 지면을 치면서 나간 발 무릎을 세워 발바닥이 지면에 닿게 한다.

전·방·낙·법

❶ 양발을 기마자세로 무릎을 약간 굽히며 허리를 숙여 시선은 전방을 본다.

❷ 지면으로 떨어지는 순간 고개는 좌측이나 우측으로 돌려주며 손끝에서 팔꿈치까지는 지면에 닿게 하고 무릎은 지면에 닿지 않는다.

측·방·낙·법

❶ 좌측방 : 왼발을 오른발 앞 45도 뻗으며 오른 무릎은 굽혀 자세 낮추고, 몸이 지면에 닿기 전에 왼손을 45도 방향으로 바닥을 쳐주며 오른손은 단전에 놓는다.

❷ 우측방 : 오른발을 왼발 앞 45도 뻗으며 왼 무릎은 굽혀 자세 낮추고, 몸이 지면에 닿기 전에 오른손을 45도 방향으로 바닥을 쳐주며 왼손은 단전에 놓는다.

❶ 발을 기마자세로 벌린다. 무릎을 약간 굽히면서 허리를 숙이며 양손 교차한다.

❷ 점점 무릎 낮춰서 뒤로 떨어지면서 양손은 60도로 벌리되 지면에 몸이 닿기 전에 양손바닥으로 지면을 쳐준다. 머리는 닿지 않게 한다.

구 · 르 · 기

◉ 구르기는 낙법을 한 연후에 공격이나 방어 자세로 곧바로 이어지기 위한 연결 방법이다. 전방 구르기, 후방 구르기, 측방 구르기 등이 있다.

❶ 앞발이 1보 전진하며 양손은 어깨 부위 위로 올려 앞발의 손을 먼저 짚고 차례로 짚으며 양발 차 올려 공중으로 회전하여 선다.

❷ 한 손만 짚고서 뛰어 회전하여 선다.

❸ 숙달되면 양손을 땅에 짚지 않고 뛰어 공중 회전하여 선다.

기화법

국선도 수련은 음적陰的인 내공內功 수련법과 양적陽的인 외공外功 수련법으로 이루어져 있다. 기화법氣化法은 양적인 외공 수련법에 해당하는데 양화적陽火的인 외공의 독특한 기화법은 음수적陰水的인 내공이 충익充益해야 효과가 있으며 내공이 충익하지 못하면 보통 외공이 되고 만다. 국선도의 단리丹理 내공은 음동陰動하고 정동靜動하며 단리 외공은 양동陽動하고 활동活動하는 것이니 내공이 정적인 호흡呼吸이라면 외공은 동적인 동작動作이다. 음수적인 내공이 충익하게 수련해야 한다는 점을 명심하면서 행공行功할 것이며, 외공 수련 시 한 동작 한 동작 숨쉬기를 잘 조절해야 한다는 점도 유념해야 한다. 단리의 내공법內功法은 수렴收斂하고 충익充益하고 축기蓄氣하고 통기通氣하는 것이며 외공법은 활용活用하고 활동活動하고 활력活力하며 외부의 모든 위해危害를 직접 방어하여 몸을 보호하는 호신법護身法이자 단련법鍛鍊法이 된다. 내공법은 숨쉬기에 있어서 세세흡입細細吸入, 세세호출細細呼出하며 동작도 부드럽게 서서히 움직여 조심調心, 조신調身, 조식調息으로 정심正心과 정신正身과 정식正息이 되게 하거니와, 외공법은 돌단자리 숨쉬기를 하면서 천천히 숙달시켜나가 굳세고 강하고 민첩하며 빠른 몸놀림이 되도록 한다. 이중 서서히 동작을 하다가 빨라지고 빨리 하다가 또 느려지고 하는 것이 국선도 단리 외공법의 특색인데 상대의 경혈經穴만 혈타穴打하는 것도 국선도 외공의 특징이다. 타 외공과 달리 경혈을 찾아서 행하게 되니 경혈도 잘 익혀야 한다. 그리고 기화법을 하기에 앞서 기화강령氣化綱領을 암송하거나 마음속에 새기면서 기화법 외공에 임한다.

氣化綱領

吾眞은 自然乘時로 天의 原子로 生成하였음을 銘心하고

하나 萬物의 靈長으로서 不意의 危險을 防禦 生命을 保護하고

둘 正當한 良心의 眞價 判斷에 正義的인 審判으로 實行하고

셋 正義의 弱者를 도와 道德理念과 天理의 眞意로 實行하고

넷 忠孝禮意에 宇宙力을 加하여 天道의 뜻을 따라 實行하고

다섯 智, 仁, 勇의 宇宙精神에 統一하여 永法으로 天罰을 加한다.

宇宙眞理 光明發火

1. 기화법 준비운동

기화법 행공에 임하기 전에 준비 동작을 해준다. 돌단자리 행공 전에 행하는 기혈순환유통법 준비운동으로도 충분하나 과격한 운동에 결여된 부분을 보완해주기 위해 온몸에 기를 순환해야 하는 것이다. 무리가 없도록 한다.

1

❶ 양발 어깨 너비 11자가 되게 벌리고 선다.
❷ 양손 주먹을 쥐어 마주 대고 하늘을 향해 들고 돌단에 숨을 깊숙이 마시고 멈춘다.
❸ 상체를 앞으로 숙이되 양손 마주 댄 채 발가락 사이로 깊숙이 넣으며 굽힐 수 있는 데까지 굽힌다.
❹ 일어서며 숨을 내쉬고 서서히 양손을 하늘로 들며 흡지吸止하면서 상체 다시 굽히기를 3회 반복한다.

2

❶ 양손 각각 엄지손가락은 뒤로 하고 나머지 네 손가락은 앞을 향하게 하여 양 옆구리를 짚는다.
❷ 왼발을 앞으로 좀 멀리 내딛고 양발 무릎 굽혀 오른발은 무릎을 바닥에 닿게 하고 왼발은 무릎을 세우고 앉았다 섰다를 3회 반복한다.
❸ ❷의 반대로 한다.
❹ 흡지하면서 서서히 몸을 낮추고 일어서면서 숨을 내쉰다.

3

❶ 양발 어깨 너비로 벌리되 11자가 되게 선다.
❷ 흡지하여 상체 왼쪽으로 틀되 양 손바닥이 하늘을 향하고 손을 뒤로 더 보내려 한다.
❸ 상체가 왼쪽으로 최대한 틀어지도록 2~3회 시도하다가 호呼하며 원위치한다.
❹ 다시 흡지하고 ❷번과 반대로 한다.
❺ ❸번과 반대로 한다.
❻ 흡지하여 상체를 앞으로 숙이고 2~3회 몸을 더 낮추려 시도하다가 호하며 원위치한다.
❼ 다시 흡지하여 상체 뒤로 젖히되 손에 힘을 뺀 상태로 축 늘어뜨리고 2~3회 더 젖히려 시도하다가 호하며 원위치한다.
❽ 3회 반복한다.

❶ 양손 엄지손가락은 앞을 향하고 네 손가락을 뒤로
  하여 옆구리에 짚고 흡지하여 선다.
❷ 왼발 왼쪽으로 멀리 내딛으며 오른발 수직으로 뻗
  고 상체는 왼쪽으로 수직이 되게 눕히는 듯 1자가
  되게 한다.
❸ 서서히 일어서며 호하고 원위치한다.
❹ 다시 흡지하여 ❷번과 반대로 한다.
❺ ❸번과 같이 한다.
❻ 3회 반복한다.

❶ 서서히 양발 모아 무릎 꿇고 양 발가락 눌러 앉는다.
❷ 합장하며 흡하고 합장한 채 앞으로 뻗으며 흡지하
  고 합장한 그대로 상체와 양손 왼쪽으로 틀어 2~3
  회 정도 최대한 틀어보려 시도한다.
❸ 다시 오른쪽으로 틀어 2~3회 정도 최대한 틀어보
  려 시도한다.
❹ 서서히 호하며 양손 가슴 앞으로 가져온다.
❺ 3회 반복하고 일어서서 원위치로 선다.

❶ 양발을 모아 쭉 뻗고 앉아서 숨을 깊이 마시고 멈
  춘다.
❷ 양손가락으로 왼쪽 후면 바닥을 짚고 상체 왼쪽으
  로 틀어 2~3회 더 틀어주려 시도하다가 호하며 양
  손 무릎에 각각 놓는다.
❸ 다시 흡지하며 ❷번 반대로 한다.
❹ 3회 반복한다.

7

❶ 서서히 양발 모아 무릎 굽혀 세우고 앉는다.
❷ 오른손으로 왼 발목을 잡고 후면 바닥에 왼손가락을 대고서 돌단숨 들이마시고 멈춘 상태에서 상체를 왼쪽으로 튼다. 더 바짝 틀기를 2~3회 시도하다가 호하며 원위치한다.
❸ ❷번 반대로 한다.
❹ 3회 반복한다.

8

❶ 양발 앞으로 쭉 뻗고 앉는다.
❷ 오른손은 발바닥 용천혈 부위를 감싸 쥐고 왼손은 학골鶴骨 부위를 누르며 돌단숨 흡지하며 왼발 들어 무릎을 굽혔다 폈다 하기를 6회 하고 호하며 왼발 내리고 숨을 고른다.
❸ ❷번 반대로 한다.
❹ 3회 반복한다.

9

❶ 왼발을 서서히 왼쪽으로 벌리고 무릎 굽힌 뒤 오른발을 쭉 뻗고 왼손 바닥 짚고 돌단숨을 흡지하며 상체를 뒤로 튼다. 2~3회 더 바짝 틀어주려 시도하다가 호하며 원위치한다.
❷ ❶번과 반대로 한다.
❸ 3회 반복한다.

10

❶ 양손 학골 부위 잡고서 발 벌린 뒤 돌단숨 들이마시며 왼발 무릎 굽히고 오른발 쭉 뻗으며 숨 멈춘 상태에서 상체를 왼쪽으로 튼다. 2~3회 더 바짝 틀어주려 시도하다가 호하며 원위치한다.

❷ ❶번과 반대로 한다.

❸ 3회 반복한다.

11

❶ 양손 목 뒤에 깍지 끼고 양발 어깨 너비로 벌리고 돌단숨 흡지하며 상체 뒤로 젖히고 2~3회 더 젖히려 시도한다.

❷ 다시 상체를 앞으로 바짝 숙이며 2~3회 더 숙이려 시도하다 호하며 일어나 숨을 고른다.

❸ 3회 반복한다.

12

❶ 양발 멀리 벌리고 왼손 손목 굽혀 손가락이 뒤를 향하게 넣고 오른손 머리 위 수직으로 뻗고 돌단숨 흡지한 상태에서 상체를 왼쪽으로 젖힌다. 2~3회 더 젖히려 시도하다 호하며 원위치한다.

❷ 서서히 손 바꾸고 ❶번 반대로 한다.

❸ 3회 반복한다.

13

❶ 양발 어깨 너비로 벌리고 양손 뒤로 깍지 끼고 돌단숨 흡지하여 상체 앞으로 숙여 왼쪽으로 틀어 2~3회 더 바짝 틀어 시도하다가 다시 오른쪽으로 틀어 2~3회 더 바짝 틀어 시도하다가 호하며 일어서며 숨을 고른다.

❷ 다시 돌단숨 흡지하여 상체 뒤로 젖혀 왼쪽으로 틀고 2~3회 더 틀어보려 시도하다가 다시 오른쪽으로 틀어 2~3회 더 틀어 시도하다가 호하며 반듯이 서며 숨을 고른다.

❸ 3회 반복한다.

14

❶ 양발 어깨 너비로 11자가 되게 선다.

❷ 양손 허리 잡고 돌단숨 흡지하여 상체와 허리를 왼쪽으로 크게 3회 돌려주고 멈추며 호하며 숨을 고른다.

❸ 다시 2번 반대로 한다.

15

❶ 양발 어깨 너비로 선 채 맑은 청기를 마시고 탁기를 내쉬는 돌단자리 숨쉬기를 한다.

2. 기화형氣化形

가. 화중법和中法

기화화중법은 국선도 외공의 첫 단계 수련으로서 몸의 유연성을 기르고 혈을 찾아 급소를 타격하는 데 기본이 된다. 화중법은 모든 동작의 기초이므로 열 동작만 기초로 내어 밝히니 수십 차 연마하여 숙달되면 다음 단계로 넘어간다. 천천히 돌단자리 숨쉬기를 하면서 몸에 익힌다.

화 · 중 · 법 · 방 · 위 · 和 · 中 · 法 · 方 · 位

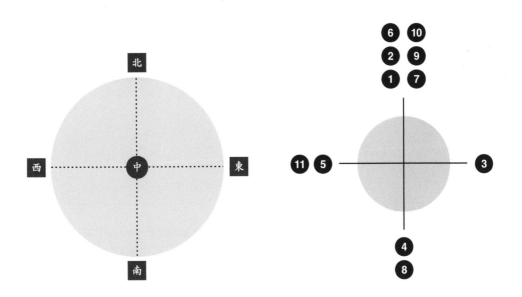

1

외공의 기본자세로서 양발 어깨 너비 11자로 벌리되 서서 양손은 가슴 앞에 교차하고 눈은 전면全面을 똑바로 바라보고 돌단자리 숨쉬기를 하면서 온몸의 진기를 돌단에 모으고 서서히 손끝까지 유기하며 몸을 가볍게 하고 선다.

2

서서히 양손을 양 옆구리에 대면서 말탄자세로 양 무릎 굽히고 흡지吸止하여 발에 중심 잡고서 손바닥은 하늘을 향하고 손가락 끝까지 유기하며 안정된 자세에서 양손 수부로 상대방의 일월혈日月穴이나 복애혈復哀穴을 타격하되 자세가 흐트러지지 않고 손만 앞으로 뻗어야 한다.

3

양발은 2번과 같이 하고서 부동不動하고 일어서며 상체 우측으로 약간 트는 듯하면서 우전관으로 상대방 수돌혈水突穴을 타격, 좌수는 하체 회음會陰 부위를 방어하는 자세를 취하고 눈은 상대방을 주시하고 발에 중심을 잃지 말아야 한다.

4

왼발을 왼쪽 후면으로 옮겨놓으며 우수는 하체 방어하고 좌수 소관으로 상대방의 염천혈廉泉穴이나 운문혈雲門穴을 타격하되 상체를 틀고서 눈은 상대방을 주시하고 주위 전체를 살핀다는 마음으로 몸은 가볍게 느껴야 한다.

5 좌수 타격의 힘을 이용하여 왼발을 그대로 두고 오른발 왼쪽으로 한 발 나가며 무릎 세우고 왼발 무릎 굽혀 바닥에 대고 우수 중관으로 상대방의 중극혈中極穴을 타격하되 바닥에 댄 왼발은 일으키려는 듯한 자세로 가볍게 굽혀 있어야 한다.

6 왼쪽에 내어놓았던 우족을 원위치로 옮기며 직보直步 자세로 바꿔 우수 합골로 중주혈中注穴을 타격하되 좌수 왼발 방향으로 뻗되 손가락이 뒤를 향하게 하고 몸의 중심은 오른발 발가락에 중심을 둔다.

7 왼발 왼쪽으로 옮기며 무릎 약간 굽혀 좌수장으로 상대방의 흉부를 타격하되 우수 하체 방어하고 발은 언제나 11자로 서며 눈은 상대를 주시한다. 발에 중심을 잡되 가볍게 하며 언제라도 앞뒤로 마음대로 뛸 수 있을 정도가 되어야 한다.

8 오른발을 우측 후면으로 멀리 옮기며 우측으로 상체를 틀면서 동시에 좌수 하체 방어, 우내수로 상대 승읍혈承泣穴이나 부돌혈扶突穴을 타격한다. 몸이 흔들리지 않게 한다.

9

왼발 원위치로 오며 무릎 세우고 오른발 무릎 굽혀 바닥에 대고 좌수 중관으로 중극혈中極穴을 타격한다. 우수 하체 방어하고 척추는 언제나 펴고 무릎 꿇어 바닥에 댄 발은 언제나 가볍게 하여 옮길 수도 있고 뛸 수도 있는 준비를 갖추고 있어야 한다.

10

오른발 원위치로 옮기며 양 무릎 약간 굽히고 좌수 하체 방어, 우수 장관으로 상대의 수돌혈水突穴 또는 부돌혈扶突穴을 타격한다.

11

왼발을 왼쪽으로 내딛으며 몸을 낮춰 직보 자세로 하고 좌합골로 상대의 중주혈中注穴을 타격한다. 왼발에 중심 잡고 동요가 없어야 하며 우수는 오른발 방향으로 뻗되 손가락이 후면을 향하게 한다.

12

끝나면 기본 준비자세를 취한다.

나. 오공법五功法

기화오공법은 몸의 유연성과 손발의 외공 동작을 익히는 데 목적이 있으며 나아가 장부臟腑를 튼튼하게 해주는 두 가지 효과를 얻고자 한다. 돌단자리 숨쉬기를 하면서 한 동작 한 동작 천천히 몸에 익혀 숙달해나가고 동시에 공격하는 손발에 진기眞氣를 유기하는 것이 중요하다.

기·화·오·공·법·氣·化·五·功·法

水 1 智	❶ 意勢	意志創造作	腎臟과 膀胱
	❷ 思勢	思量凝固業	
木 2 仁	❸ 善勢	善發東春木	肝臟과 膽
	❹ 生勢	生成演出方	
火 3 禮	❺ 觀勢	觀形分慾勢	心臟과 小腸
	❻ 辨勢	辨裂盛展力	
土 4 信	❼ 眞勢	眞土中和氣	脾臟과 胃
	❽ 實勢	實仁公理的	
金 5 義	❾ 正勢	正質谷包臟	肺臟과 大腸
	❿ 當勢	當藏潛伏象	

오·공·법·방·위·五·功·法·方·位

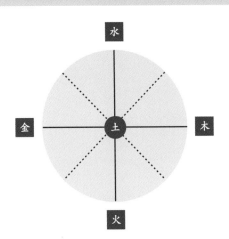

❶ **意** | 준비자세에서 돌단자리 숨쉬기를 하며 서서히 양수兩手 대원大圓을 그리며 동시에 좌족 무릎 굽혀 좌내족이 우족 무릎 안쪽에 닿게 올렸다 좌족 후면後面 1보, 후보後步 자세.

❷ **志** | 서서히 우족을 들어서 좌족 무릎에 우내족이 닿게 하였다가 우족 후면 멀리 내리며 원후보遠後步 자세, 우수 합골로 후면 뻗치고 좌수 손목 굽혀 좌족 방향으로 버틴다.

❸ **創** | 서서히 좌족 우측 방향으로 옮겨 원정보遠正步 자세 취하며 좌수장으로 우측 방향 뻗치고 우수 하체 방어.

❹ **造** | 서서히 좌족 다시 들어 좌측으로 방향 옮겨 원정보 자세로 바꾸며 좌합골로 좌방 뻗치고 우수 손목 굽혀 버티고 원후보 자세로 바꾸며 좌수 낮추며 우내수로 좌방 돌려준다.

❺ **作** | 서서히 우족 원위치로 옮겨놓으며 우수장으로 전방 밀고 좌수부로 전방을 찌른다.

◉ 좌족 원위치하며 준비자세

사 · 세 · 思 · 勢

❶ **思** │ 준비자세에서 돌단자리 숨쉬기를 하며 서서히 양수兩手 하늘을 향하여 높이 들어 대원大圓을 그리며 동시 우족 무릎 굽혀 우내족이 좌족 무릎 안쪽에 닿게 올렸다가 우족 앞으로 한 걸음 내리며 쌍수부(손바닥 하늘을 향한다)로 앞을 찌른다.

❷ **量** │ 서서히 좌족을 들어 우족 무릎에 닿게 하고 우수는 하늘을 향하여 쭉 뻗고 좌수는 우측 어깨에 얹었다가 좌족 뒤로 멀리 원후보로 내딛으며 좌타관으로 뒤로 밀고 원정보로 딛으며 손 바꿔 우수장으로 뒤로 뺨치듯이 다시 민다.

❸ **凝** │ 우족 들었다 우측 방향으로 정보로 딛으며 옮겨 우수는 상방, 좌수부(손바닥 하늘을 향한다)는 우측 방향으로 민다.

❹ **固** │ 좌족 들었다 좌측 정보로 내딛으며 좌수 상단 방어하고 우합족으로 앞 찬다.

❺ **業** │ 우족 들었다 원위치로 놓으며 우수 손바닥 손목 굽혀 손가락 땅을 향하고 장골은 위로 향하게 하고 뻗치며 좌수는 하단 방어한다.

◉ 우족 원위치하며 준비자세

선 · 세 · 善 · 勢

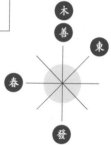

❶ 善 ┃ 준비자세에서 돌단자리 숨쉬기를 하며 서서히 양손 교차했다가
　　　　아래로 내리며 동시에 좌족 무릎 굽혀 좌족 안쪽이 우족 무릎 안쪽에
　　　　닿게 들어올렸다 서서히 쌍외수雙外手로 내리 누르고 후보 자세를
　　　　취한다.

❷ 發 ┃ 고개를 서서히 좌측으로 돌려 뒤를 바라보고 좌족을 뒤로 원정보로
　　　　내딛으며 우수장을 뒤로 밀고, 좌수는 오른손 겨드랑이 가슴 부위를
　　　　가볍게 친다.

❸ 東 ┃ 서서히 손뼉 마주치고 우족 우측으로 원정보로 옮기며 우합골로 밀고 좌수 하단 방어하고, 서서히
　　　　좌수 하늘을 향하여 손목 굽혀 세우고 좌족 무릎 굽혀 좌족 안쪽이 우족 무릎에 닿게 하여 몸을
　　　　반듯이 세운다.

❹ 春 ┃ 서서히 좌족 좌측으로 멀리 내딛으며 좌수 손바닥 좌측으로 밀고 우수로 자기 가슴을 두드리고,
　　　　다시 양손을 교차, 연이어 밀어주고 우수 하단 방어.

❺ 木 ┃ 서서히 우족 원위치로 옮겨놓으며 우수 원관으로 뺨을 때리는 형形을 하고 양손 교차하여 우합
　　　　골로 재차 밀고, 다시 좌수 원관으로 뺨 때리는 형을 하고 양손 교하여 재차 좌합골로 연이어
　　　　민다(좌족 1보 나가도 무방하다).
　　　　◉ 좌족 원위치하며 준비자세

❶ 生 | 준비자세에서 돌단자리 숨쉬기를 하며 서서히 양손 교차했다가 아래로 서서히 내리며 우족 무릎
　　　굽혀 좌족 무릎 안쪽에 닿게 하고 쌍수부(손바닥 하늘을 향한다)로 서서히 찌르는 형을 하며 앞
　　　으로 내민다.

❷ 成 | 서서히 고개 우측으로 돌려 뒤를 바라보고 우족 뒤로 내리며 원정보 자세로 바꾸되 좌수는 그대로
　　　두고 우외수는 뒤로 돌려 후려치는 형을 하고, 몸을 틀면서 좌수장으로 다시 뒤로 연이어 민다.
　　　동시에 좌합족으로 서서히 앞 차는 형을 취한다.

❸ 演 | 서서히 좌내족 우측 무릎에 대었다가 왼쪽으로 원정보로 내리며 좌합골은 왼쪽으로 밀고 우수
　　　하단 방어, 서서히 상체를 들어 우수장으로 연이어 밀고 좌수 하단 방어, 동시에 우합족 앞
　　　차는 형을 취하고 우내족 좌족 무릎에 붙인다.

❹ 出 | 서서히 우족 우측으로 내리며(원위치) 몸 낮춰 좌족 무릎 땅에 대고 우수 회음부 올려치는 형을
　　　했다가 좌수와 교차하여 좌수장으로 연이어 민다.

❺ 方 | 서서히 일어서서 좌족 앞으로 나가며 좌수는 위로 막고 우수장은 앞으로 민다.

◉ 좌족 원위치하며 준비자세

관·세·觀·勢

❶ 觀 ┃ 준비자세에서 돌단자리 숨쉬기를 하며 서서히 좌족을 우족 무릎에 얹어놓고 우족 최대로 낮춰 앉되 쌍수장을 앞으로 서서히 밀고, 손바닥 땅을 향했다가 올린다. 동시에 좌족 뒤로 반보 내리며 반후보 자세를 취한다.

❷ 形 ┃ 서서히 우족 뒤로 정보로 내딛으며 좌족 무릎 땅에 대고 우수부로 회음부 내리치는 형을 취하 고, 양손 교차하여 좌수장으로 연이어 민다(뒤로 돌 때 우수는 우측 옆구리에 끼고 돈다).

❸ 分 ┃ 서서히 좌내족 우족 무릎에 대었다가 왼쪽으로 옮겨 후보로 내리며 쌍외수로 내려치는 형을 하고 좌수 좌측 방어, 우수는 하늘 향하고 우합족으로 타격하며 우내족을 좌족 무릎에 붙인다.

❹ 慾 ┃ 서서히 우족 우측으로 정보로 내리며 우수는 상단 방어 자세를 하고 좌수장으로 민다.

❺ 勢 ┃ 서서히 좌족 우족 무릎에 붙였다가 좌족 원위치로 내딛으며 쌍합골로 밀고 서서히 우수는 상단 방어 자세를 하고 좌수장을 다시 앞으로 민다.

◉ 우족 원위치하며 준비자세

160
국선도 무예 교본

❶ 辨 │ 준비자세에서 돌단자리 숨쉬기를 하며 서서히 우족을 좌족 무릎에 얹어놓고 좌족 최대로 낮추어 앉되 쌍장골雙掌骨(손가락 땅을 향한다) 앞으로 서서히 밀고, 서서히 우족 뒤로 반보 내리며 반후보 자세를 취한다.

❷ 裂 │ 서서히 좌족 뒤로 1보 정보로 내딛으며 우족 무릎 땅에 대고 좌수는 회음부를 올려 미는 형을 하고 서서히 양손 교차하며 우수부로 명치를 찌르고 손바닥은 하늘을 향한다(뒤로 돌 때 좌수 허리에 댄다).

❸ 盛 │ 서서히 일어서며 우내족 좌족 무릎에 대었다가 우측 정보로 내리며 우수 상단 방어하고 좌수부로 (손바닥 하늘을 향한다) 민다.

❹ 展 │ 서서히 좌내족 우족 무릎에 받치고 우수는 하늘을 향해 쭉 뻗치되 손목 굽히고 좌수는 왼쪽으로 손목 굽혀 뻗쳤다가 서서히 좌족 좌측으로 정보로 내리며 우수부로 내리 찌르는 형을 하고 우수 다시 머리 위에서 당기는 형을 취하면서 좌후보로 딛으며 좌수 외수 목을 내려치는 형을 취한다.

❺ 力 │ 서서히 우내족을 좌족 안쪽에 닿게 했다가 우족 원위치 내리며 좌수장으로 뺨 돌려 때리는 형을 하고 좌수 머리 위에서 당기는 형을 취하면서 우수부로 서서히 내려 찌른다.

◉ 좌족 원위치하며 준비자세

❶ 眞 | 준비자세에서 돌단자리 숨쉬기를 하며 서서히 팔굽 굽혀 옆구리에 붙이고 좌족 우측 무릎에 붙이고 상체 뒤로 젖히며 좌합족으로 서서히 앞 차는 형을 취하되 손목 굽혀 위로 들어올린다.

❷ 土 | 서서히 좌족 좌측으로 정보로 내리며 우장골(손가락 아래)로 밀고 서서히 양손 교차하여 우수 손목 굽혀 우측으로 뻗고 좌수 장골로 연이어 민다.

❸ 中 | 서서히 좌족을 우족 앞을 스쳐 지나 양발 교차서기(교보) 했다가 우외족으로 우측 차는 형을 취했다가 좌족 무릎에 붙였다 우족 뒤로 옮겨놓으며 원정보 자세를 취한다.

❹ 和 | 좌수장으로 서서히 밀고 우수와 교차해서 우수장으로 턱을 밀어 올리는 형을 하고 좌수는 좌측으로 뻗친다.

❺ 氣 | 고개는 앞을 바라보며 우족을 서서히 원위치에 내딛고 좌외족으로 앞을 차는 형을 하고 말탄자세(전보)로 서면서 우수장을 앞으로 밀며 원위치한다.

◉ 좌족 원위치하며 준비자세

실·세·實·勢

163

기
화
법

❶ 實 │ 준비자세에서 돌단자리 숨쉬기를 하며 서서히 우내족을 좌족 무릎 안쪽에 붙였다가 우족 앞으로 1
　　보 내딛으며 쌍장雙掌을 앞으로 민다(발 들 때 동시에 양손은 팔굽 굽혀 양 허리에 댄다).

❷ 仁 │ 서서히 좌내족 들어올려 우족 무릎 안쪽에 닿게 하되 우수 손목 굽혀 하늘로 쭉 뻗고, 좌수 우측
　　어깨 위에 놓았다가 좌족 좌측으로 정보로 내리며 좌장으로 뺨 때리는 형을 취하고 우수와 교차
　　하여 우수장으로 밑에서 위로 턱을 올려치는 형을 한다.

❸ 公 │ 서서히 우내족을 좌족 무릎 안쪽에 닿게 했다가 우족 우측으로 내딛으며 우수부로 밑에서 위로
　　올려 찌르는 형을 취하고 좌합족으로 앞을 찬다.

❹ 理 │ 서서히 좌족 뒤로 정보로 옮겨놓으며 우수 턱 들어올리고 좌수 관지로 가슴 치는 형을 하고 우합족
　　으로 연이어 서서히 앞을 찬다.

❺ 的 │ 서서히 우족 원위치에 내리며 좌내족 들어올려 우족 무릎 안쪽에 닿게 했다가 앞을 바라보며 좌족
　　앞으로 내리며 정보 자세로 우족 무릎 땅에 대고 좌중관을 앞으로 밀고 우수장으로 뺨 때리듯
　　옆구리 연이어 밀고 일어서며 원위치한다.

◉ 좌족 원위치하며 준비자세

❶ 正 | 준비자세에서 돌단자리 숨쉬기를 하며 서서히 좌내족 우족 무릎 안쪽에 붙였다가 좌족 앞으로 원정보로 내리되 양손 밑으로 낮춰 원을 크게 그렸다 우정관으로 서서히 밀고 양손 교차하여 좌수장으로 민다.

❷ 質 | 서서히 우족 좌족에 붙이되 좌수는 손목 굽혀 하늘로 뻗치고 우수는 좌측 어깨 위에 얹었다가 우족 뒤로 정보로 내리며 우외수로 돌려 타형他形을 하고 서서히 우수 당기는 듯 뒤로 낮춰 빼면서 좌수장으로 뺨 때리는 형을 취한다.

❸ 谷 | 좌족을 우족에 닿게 했다가 좌측 정보로 내리며 좌합골로 타형他形하고 우족판으로 하체 발을 거는 형을 한다.

❹ 包 | 우족을 좌족에 닿게 했다가 연이어 우외족으로 우측 차는 형을 하고 우족 원위치 정보로 내리며 좌장으로 연이어 밀고 좌족판으로 하체 발을 거는 형을 취한다.

❺ 藏 | 좌족을 우족에 닿게 했다가 앞으로 내리며 후보 자세로 쌍외수로 타형他形하고 정보로 바꾸며 좌수는 하단 방어 우합골로 연이어 뻗는다(손가락은 하늘을 향한다).

◉ 우족 원위치하며 준비자세

당·세·當·勢

❶ 當 ┃ 준비자세에서 돌단자리 숨쉬기를 하며 서서히 우족 뒤로 멀리 내딛고 원후보 자세에서 정보
　　　자세로 바꾸며 좌장을 앞으로 밀고 우전관으로 연이어 휘둘러 타형他形하고 좌족을 우족에 닿게
　　　한다.

❷ 莊 ┃ 좌족을 좌측 정보로 옮겨놓으며 서서히 쌍장으로 밀고 상체만 앞으로 틀면서 말탄자세로 바꾸며
　　　좌장을 앞으로 밀고 우족 들어서 좌족 무릎에 닿게 한다.

❸ 潛 ┃ 우족을 우측으로 옮겨놓으며 우수 상단 방어, 좌수부는 아래로 향하여 회음부를 찌르는 형을
　　　취하되 몸은 원정보 자세로 최대로 낮추고 좌족을 우족에 댄다.

❹ 伏 ┃ 좌족을 앞으로 멀리 원정보로 옮기며 좌족 뒤꿈치에 엉덩이가 닿게 바짝 굽혀 좌수는 상단 방어,
　　　우수는 수장으로 민다.

❺ 象 ┃ 우족을 원위치로 옮겨놓으며 일어서고 쌍장으로 하늘을 떠받드는 듯이 올렸다가 서서히 좌측으로
　　　쌍장을 원위치한다.

◉ 준비자세

165

기
화
법

다. 연혈법連穴法

기화연혈법은 정법靜法 33동작과 동법動法 33동작, 즉 음陰과 양陽으로 이루어져 있다. 돌단자리 숨쉬기를 하며 한 동작 한 동작 펼치면서 서서히 몸에 익혀 숙달해나가고 동시에 몸 전체에 기를 유기하는 것이 중요하다.

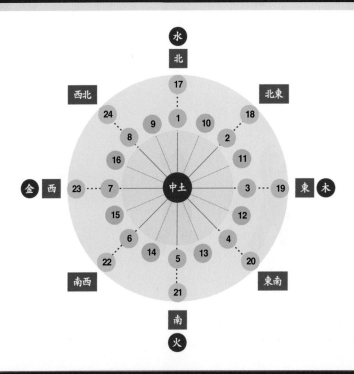

연·혈·법·방·위·連·穴·法·方·位

사·용·혈·점·使·用·穴·點

상부上部	중부(肺), 전중(心包),염천, 수돌, 인중, 부돌, 운문
중부中部	거궐(心), 기문(肝), 일월(膽), 장문(脾),중완(胃), 연액, 유중, 구미
하부下部	경문(腎), 천추(大腸), 석문(三焦), 관원(小腸), 중극(膀胱), 회음, 귀래
수부手部	소상(肺經), 상양(大腸經), 중충(心包經), 관충(三焦經), 소충(心經), 소택(小腸經), 신문(心經), 대릉(心包經), 태연(肺經), 합곡(大腸經), 양지(三焦經), 완골(小腸經)
족부足部	은백(脾經), 대돈(肝經), 여태(胃經), 족규음(膽經), 지음(膀胱經), 용천(腎經), 태충(肝經), 태계(腎經), 충양(胃經), 구허(膽經), 태백(脾經), 경골(膀胱經), ※내지음(腎經), ※제2여태(八俞經), ※중택(膀俞經)

정 · 법 · 靜 · 法

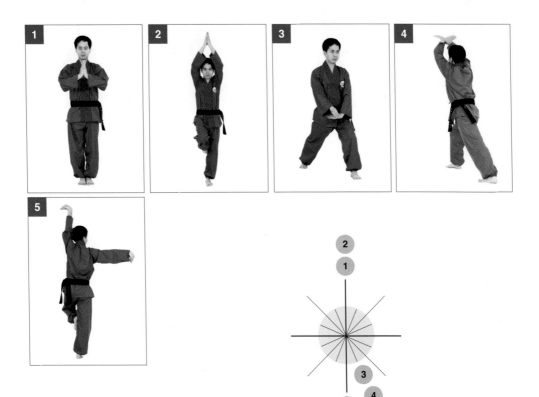

1. 양발 모으고 서서 몸을 반듯이 세운다. 양손 합장合掌하며 가슴 부위에 댄다. 눈을 반개半開하고 몸 전체에 기氣를 유기한 다음 돌단자리에 진기眞氣 모으고 숨을 마셨다가 멈추고 몸을 탄력 있게 만든 다음 몸을 가볍게 생각하고 양손 음양陰陽의 기를 합류合流하고 섰다가 호呼한다.

2. 양손을 머리 위로 수직으로 뻗고 우족을 들어 좌족 무릎 안쪽 측면에 대고 돌단자리 숨을 흡吸하여 멈추고 몸을 낮추며 호한다.

3. 우족을 뒤로 정보로 보내며 좌족 무릎 굽혀 세우고 돌단자리 숨을 흡하고 멈춰 우수에 진기를 보내고 좌수는 회음혈과 각 혈도를 방어하고 우수는 손끝으로 회음혈을 누르거나 아니면 타격을 가한다. 상체는 반듯이 세우고 한다. 몸을 틀어 일어서면서 호한다.

4. 발은 **3번**의 자리에 두고 돌려 몸을 우측으로 뒤를 향해 완전히 틀고서 일어서면서 양수 교차하여 상체 방어 또는 상대의 목 부위를 타격한다. 우족 무릎 약간 굽혀 정보를 취하고 돌단자리 숨을 흡하고 멈춰 실행한다.

5. 우족을 우측으로 반보 옮기며 동시에 손백 치고 좌족을 들어 무릎 굽히고 우족 안쪽 측면에 대고 좌수 머리 위로 하고 손가락 앞을 향하게 손목 앞으로 굽히고 우수는 우수 어깨 높이로 뻗되 손목 굽혀 땅을 향하게 하고 우측 바라보고 돌단자리 숨을 마시고 멈춰 기를 모으고 서서히 몸을 낮추며 좌족 앞으로 원정보로 내딛며 호한다.

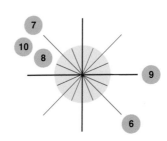

6. 좌족은 무릎 굽히고 우족은 원정보로 쭉 뻗되 발가락에 힘을 주고 굽히며 돌단자리 숨을 흡하고 우수는 회음혈과 하부를 방어하고 좌수장으로 복부를 밀고 서서히 호하며 몸을 튼다.

7. 몸을 완전 180도 우측으로 틀면서 좌족 무릎 굽히고 우족 무릎 굽혀 세우고 쌍수부로 상대의 양쪽 경문혈 부위를 찌르되 돌단자리에 숨을 흡하여 멈추고 손가락 끝에 진기를 보내어 찌른다. 끝내고 숨을 호한다.

8. 서서히 일어나며 좌족 들어서 앞, 옆 좌측으로 당기되 우족과 거리가 반보 정도 되게 하며 좌합관으로 인중 부위를 치며 우수는 회음 부위를 방어하되 숨을 흡하고 멈춰 좌수에 진기를 보낸다.

9. 우족 들어 옮기고 우족 좌측 90도 틀어 올리고 안쪽 무릎 굽히고 앉으며 우내수로 치고 돌단자리 숨을 흡하고 멈춰 단전에 기를 모은다.

10. 좌족 좌측으로 나가면서 좌합골로 좌측 치고 우족 우수는 일직선이 되게 뻗고 손가락이 뒤를 향하게 하면서 숨을 흡하여 멈추고 행하며 끝내고 숨을 호한다. 양손 허리에 다시 댄다.

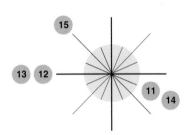

11. 양손 허리에 오게 하였다 몸을 우측으로 틀면서 일어나 정보로 서면서 쌍수부로 돌단자리 숨을 흡하고 멈춰 쌍수부에 진기를 모아 어깨 및 연액혈이나 유중혈을 찌른다. 끝내고 몸을 좌측으로 틀면서 숨을 호한다.

12. 우족 끌어당기며 좌측으로 상체 틀면서 좌타관으로 치고 우수 회음 부위를 방어하되 좌측 상대를 바라보며 한다.

13. 좌족을 놔두고 우족을 좌족 앞으로 놓으며 좌측을 재차 공격하려는 자세를 취한다.

14. 좌족 좌측 방향으로 멀리 보내며 원정보 자세가 되게 하면서 동시에 상체 함께 좌측으로 틀고 좌수장으로 밀고 우수는 방어 자세로 자연스럽게 세운다. 몸은 반듯이 흐트러짐이 없도록 한다.

15. 좌측 방향을 바라보면서 좌족을 우족 장딴지 부위에 대고 양손 공격 자세를 취하고 우족에 의지하여 똑바로 선다.

국선도 무예 교본

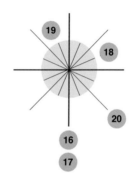

16. 손뼉을 치면서 좌족을 좌측 원위치에 놓으며 좌수부는 수돌혈이나 부돌혈을 찌르고 우수부는 운문혈 부위를 찌른다.

17. 양수 공격 자세로 취하고 우족을 좌족 앞으로 하여 좌측에 놓고 좌측을 주시하고 귀는 뒤와 좌우에 기울인다.

18. 우족을 270도 우측 후면으로 보내어 동시에 정보 자세로 바꾸며 우수전골로 상대 목 부위를 치고 좌수 는 하체를 방어한다.

19. 우족으로 땅을 밀면서 좌측으로 몸을 완전히 틀고 좌족에 중심을 잡고 우합족으로 상대의 명치 부위 를 찌르되 우족 무릎은 약간 굽힌다. 양수 방어 자세.

20. 우족을 좌족 뒤에 내려놓으며 좌수 들고 우수는 좌측 겨드랑이 밑 부위를 가볍게 쳐서 소리 낸다.

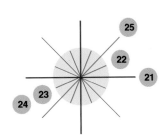

21. 양수 교차하면서 좌측 방어를 취하고 머리는 우측 바라보되 마치 무엇을 던지려는 자세를 취했다가 몸을 좌측으로 튼다.

22. 좌족에 중심을 잡고 상대의 턱 부위를 좌합족으로 타격한다. 양손은 방어와 공격에 준비자세를 취한다.

23. 좌족을 후면으로 멀리 내리며 원정보 자세가 되게 하고 쌍수부로 경문혈이나 복부 하부의 귀래혈 부위를 찌른다.

24. 몸을 좌측으로 틀면서 양수 손가락 땅 짚고 우합족으로 회음혈 부위를 타격한다.

25. 우족 앞에 놓으며 원정보로 앉으면서 양수 동시에 공격 자세를 취한다.

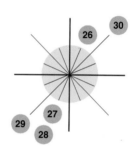

국선도 무예 교본

26. 원정보로 일어서면서 쌍외수(손바닥은 하늘을 향한다)로 양 경문혈을 친다.

27. 일어서면서 우측 바라보고 양수 방어 자세로 서 있으며 후보 자세를 취한다.

28. 양수 땅 짚으면서 좌족 땅 딛고 우원족으로 후면 구미혈 부위를 친다.

29. 몸을 우측으로 틀면서 우족 앞에 정보로 놓으면서 좌수 하단 방어하고 우하골로 상대 인중혈(수구혈) 부위를 친다.

30. 좌측으로 몸을 180도 틀면서 일어나되 우족을 좌족에서 반보 정도 되게 옮겨놓으며 양수 공격 자세를 취한다.

   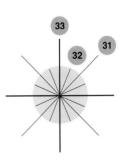

31. 우족에 의지하고 양수 손가락 땅을 짚고 좌원족으로 후면 구미혈 부위를 타격한다.

32. 좌족 차고 원위치 내려 무릎 굽히고 우족 무릎 굽혀 세우고 양수 앞뒤로 뻗되 좌수는 약간 낮추고 우수는 약간 높여 뻗는다.

33. 우족 원위치 오며 말탄자세를 취하고 양수 무거운 물체를 어깨 높이로 올리는 듯하고 발 모으면서 원위치한다.

◉ 발 모으면서 원위치한다.

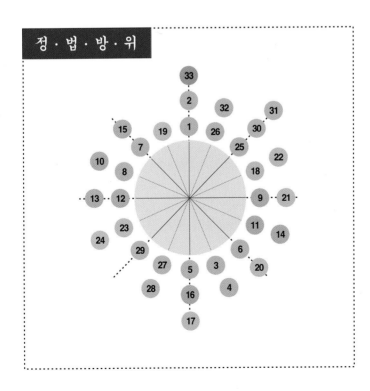

국선도 무예 교본

1. 양발 어깨 너비로 벌리되 11자가 되게 하고 양수 모아 가슴 부위에서 합장하고 돌단자리 숨쉬기로 돌단에 기를 모으고 전신에 고루 보내 유기시켜 몸을 탄력 있게 하고 양수 음양기陰陽氣를 합류시킨다.

2. 우수 머리 위 수직으로 뻗되 손가락이 앞을 향하게 손목 굽히고 좌수는 우수 어깨 위에 올려놓고 좌족을 들어 우족 무릎 안쪽에 대고 몸을 반듯이 중심을 잡아 서 있는 동작을 취한다.

3. 좌족 좌측 90도 정보로 내리며 좌수 외수로 상대 복부 부위를 치고 우수는 우측 상대의 목을 당기는 듯한 자세를 취한다.

4. 좌족은 제자리에 두고 우족 좌족 앞에 교차하고 양손도 교차하여 방어 자세를 취하고 얼굴은 우측을 바라본다.

5. 우족 우측 원정보로 나가면서 우외수로 상대 가슴 부위를 치고 좌수는 하단 회음 부위를 방어한다.

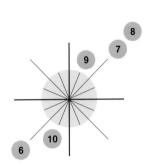

6. 좌측으로 180도 몸을 틀면서 정보로 좌내수 상대 턱 밑을 치면서 우수 재차 공격 자세를 취한다. 뒤에 우족을 약간 좌족 방향으로 좁혀 들어와도 무방하다.

7. 좌수 좌측으로 내리는 힘을 이용하여 좌족에 중심을 잡고 우원족으로 상대의 턱 부위를 올려 찬다. 좌수는 가볍게 땅을 짚고 중심을 튼튼히 한다.

8. 우족 내리며 재차 공격하려는 자세를 취한다. 좌족에 중심을 잡고 양수 방어 자세, 얼굴은 후면 돌려서 바라보며 우족은 땅에 가볍게 살짝 대고 선다.

9. 우족 우측에 옮기며 정보 자세로 하면서 좌수부(손바닥은 하늘을 향한다)로 상대 구미혈을 찌르고 우수 회음 부위를 방어한다.

10. 몸을 좌측으로 180도 틀면서 발은 놓아두고 우수장으로 상대 복부 밀고 좌수는 회음 부위를 방어한다.

국선도 무예 교본

11. 좌족에 중심을 두고 우수 머리 위 수직으로 뻗고 손가락이 앞을 향하게 하고 좌수는 수직으로 내려서 손가락이 뒤를 향하게 하고 우족은 들어서 좌족 장딴지 내측에 대고 숨을 조절하며 진기를 모은다.

12. 우수와 우족을 내리며 좌원족으로 뒤에 있는 상대의 턱을 타격하되 우족에 중심을 잡고 해야 한다. 우수가 땅에 닿지 않아도 되며 땅에 대도 무방하다.

13. 우수로 땅을 밀면서 좌족 후면에 내리며 몸을 좌측으로 틀면서 좌타관으로 가슴 타격하고 우수는 재차 천골로 타격하려는 자세를 취한다.

14. 좌족 무릎 굽히고 우측을 바라보면서 자세를 취한다.

15. 발의 위치는 놓아두고 방향만 우측으로 틀고 몸을 원정보 자세로 바꾸며 우수 정관으로 구미혈 부위를 타격하고 좌수는 하단 부위를 방어한다.

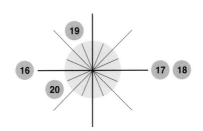

16. 우족에 힘을 넣어 땅을 밀면서 일어나며 좌족에 중심을 잡고 양수는 쌍수장으로 타격하려는 듯한 자세를 취하고 우족은 들어서 좌족 장딴지 내측에 댄다.

17. 몸을 우측 방향으로 틀면서 우족 뒤로 보내 원정보 자세를 취하면서 쌍수장으로 상대 가슴 부위를 타격한다.

18. 그 탄력을 받아서 후면 우관골로 구미혈을 타격하고 몸을 낮춰 방어 자세 취한다.

19. 일어서면서 기마자세를 취하되 발의 너비는 18번 그대로 놔두며 우수장으로 앞가슴 부위 타격하고 좌수는 하단 회음 부위를 방어한다.

20. 좌족 무릎 굽히면서 좌측 방향 좌수전골로 가슴 부위를 타격하고 목을 돌려 우측을 바라본다.

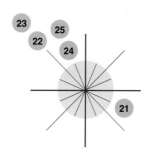

21. 몸을 우측으로 180도 틀어 좌장관으로 목을 찌르고 우수는 회음 부위 방어하고 우족은 무릎 굽혀 세우고 뒤에 좌족도 무릎 굽히되 땅에 완전히 닿지 않게 한다.

22. 몸을 좌측으로 180도 틀어 우수장으로 상대 복부 타격하고 좌수는 회음 부위 방어하고 발은 좌정보 자세를 취한다.

23. 우족을 들어서 좌족 장딴지 안쪽 부위에 대고 우수 내렸다가 올리며 우내수로 목 부위를 타격하고 좌수는 하단 방어한다.

24. 우족 뒤로 멀리 보내 몸 낮추며 좌수장으로 상대 복부 타격하고 우수 하단 방어하고 발은 좌원정보 자세를 취한다.

25. 일어서면서 손뼉 치고 우족에 중심을 잡고 좌족 들어 우족 장딴지 부위에 대고 선다.

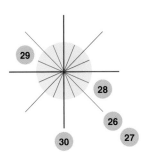

26. 좌향으로 몸을 180도 뒤로 틀면서 좌원정보로 좌족 멀리 내딛고 우장관으로 목을 타격하고 좌수는 하단 방어한다.

27. 우족을 좌족 앞에 교차하면서 우수장으로 재차 공격 자세를 취하고 좌수는 하단 방어 자세를 취한다.

28. 몸을 우측으로 틀 때의 반동을 이용하여 좌원족으로 좌측으로 상대 턱 부위 타격하고 좌수는 좌족 방향으로 수직으로 같이 뻗고 우족과 우수에 중심을 잡는다.

29. 좌족 내리며 동시에 우내수로 가슴 부위 타격하고 기마자세를 취하며 좌수는 하체 방어했다가 상체 방어 자세를 취한다.

30. 우족을 좌족 뒤로 좌원정보로 하면서 우수로 좌측 겨드랑이를 치고 좌수는 낮춘다.

31. 우측으로 180도 몸을 틀면서 좌장관으로 목을 타격하고 우수 회음 부위 방어하고 발은 우원정보 자세를 취한다.

32. 좌족 우족보다 반보 정도 앞으로 내보내며 우내수로 턱을 타격하고 좌수는 하단 방어한다.

33. 좌족 들고 양수 공격 자세 취했다가 원위치에서 발 놓으며 끝낸다.

◉ 좌족 놓으며 원위치한다.

국선도 무예 교본

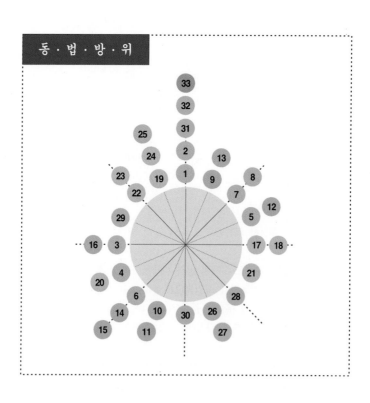

동·법·방·위

라. 기화팔법氣化八法

　기화팔법은 팔상법八象法 64동작과 팔형법八形法 64동작, 즉 음陰과 양陽으로 이루어져 있다. 돌단자리 숨쉬기를 하면서 한 동작 한 동작 펼치며 서서히 몸에 익혀 숙달해나가고 동시에 몸 전체에 기를 유기하는 것이 중요하다.

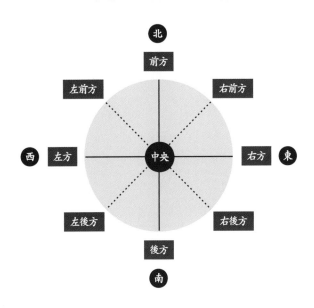

기 · 화 · 팔 · 법 · 방 · 위 氣 · 化 · 八 · 法 · 方 · 位

팔 · 상 · 법 · 八 · 象 · 法	팔 · 형 · 법 · 八 · 形 · 法
정상법正象法	도형법道形法
수상법手象法	상형법上形法
족상법足象法	하형법下形法
오상법五象法	주형법宙形法
천상법天象法	기형법氣形法
지상법地象法	통형법通形法
원상법圓象法	우형법宇形法
회상법回象法	무형법無形法

1) 팔상법八象法

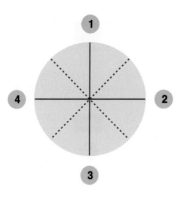

❶ 준비자세에서 돌단자리 숨쉬기를 하며 서서히 좌족을 전방 좌정보로 나가며 동시에 좌정관으로 면상을 타격하고 우수는 회음 부위를 방어한다. **좌정보, 좌정관, 인중혈**

❷ 우족을 우방 우측보로 내딛으며 동시에 우합관으로 면상을 타격하고 좌수는 회음 부위를 방어한다. **우측보, 우합관, 객주인혈**

❸ 우족을 틀며 좌족을 후방 좌정보로 옮겨가며 동시에 좌외수로 목 부위를 타격하고 우수는 회음 부위를 방어한다. **좌정보, 좌외수, 수돌혈**

❹ 우족을 좌방 우정보로 옮겨가며 동시에 우정관으로 면상을 타격하고 좌수는 회음 부위를 방어한다. **우정보, 우정관, 인중혈**

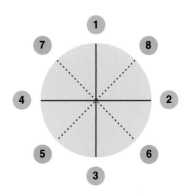

❺ 좌족을 좌후방 좌측보로 내딛으며 동시에 좌합관으로 면상 타격하고 우수는 회음 부위를 방어한다.
좌측보, 좌합관, 인중혈

❻ 우족을 우후방으로 원을 그리듯이 우측보로 딛으며 동시에 우관골로 가슴을 타격하고 좌수는 우수를
받쳐준다. **우측보, 우관골, 전중혈**

❼ 좌족을 원위치하여 좌정보로 서며 동시에 좌수는 상단을 방어하고 우수는 회음 부위를 방어한다.
좌정보, 좌수상방

❽ 우족을 우전방으로 옮겨 우정보로 서며 동시에 우장관으로 목 부위 타격하고 좌수는 회음 부위를
방어한다. **우정보, 우장관, 수돌혈**

◉ 우족 원위치하며 준비자세

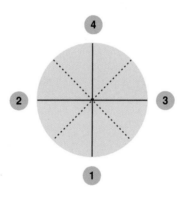

❶ 준비자세에서 돌단자리 숨쉬기를 하며 서서히 좌족을 후방 좌정보로 내딛으며 동시에 좌외수로 목 부위를 타격하고 우수는 회음 부위를 방어한다. **좌정보, 좌외수, 부돌혈**

❷ 우족을 좌방 우정보로 서며 동시에 우정관으로 면상을 타격하고 좌수는 회음 부위를 방어한다. **우정보, 우정관, 인중혈**

❸ 우족을 우방으로 옮겨 우측보로 서며 우전관으로 후려 올려 턱 부위를 타격하고 좌수는 회음 부위를 방어한다. **우측보, 우전관, 수돌혈, 염천혈**

❹ 좌족 전방으로 나가며 우측 무릎 꿇어 좌상보로 앉으며 동시에 좌중골로 복부 부위를 타격하고 우수는 하단을 방어한다. **좌상보 좌중골, 중완혈**

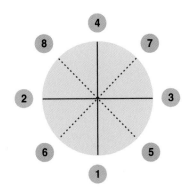

❺ 우후방으로 몸만 틀어 우정보로 서면서 동시에 우교관으로 눈을 찔러 타격하고 좌수는 회음 부위를 방어한다. **우정보, 우교관, 정명혈**

❻ 좌족을 좌후방으로 원을 그리듯이 좌측보로 딛으며 동시에 좌관골로 가슴을 타격하고 우수는 좌수를 받쳐준다. **좌측보, 좌관골, 전중혈**

❼ 우족을 우전방으로 원위치하여 우정보로 서며 동시에 우수는 상단을 방어하고 좌수는 회음 부위를 방어한다. **우정보, 우수상방**

❽ 좌전방으로 좌족을 옮겨 좌정보로 서며 동시에 좌장관으로 목 부위를 찌르듯이 타격하고 우수는 회음 부위를 방어한다. **좌정보, 좌장관, 부돌혈**

◉ 좌족 원위치하며 준비자세

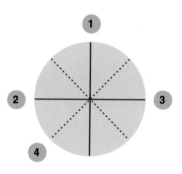

❶ 준비자세에서 돌단자리 숨쉬기를 하며 전방으로 서서히 좌족을 들어 좌긍족으로 복부 부위를 타격한다.
 좌긍족, 중완혈

❷ 좌족 원위치 내리며 우족 들어 좌방으로 돌려 우긍족으로 옆구리를 타격한다. **우긍족, 경문혈**

❸ 우방으로 좌족과 몸을 틀며 우족을 우정보로 내려딛으며 동시에 우외수로 목 부위를 타격하고 좌수는
 회음 부위를 방어한다. **우정보, 우외수, 천용혈**

❹ 좌후방으로 좌족을 끌어당겼다가 뒤차기 하듯이 좌족관으로 명치 부위를 타격한다. **좌족관, 구미혈**

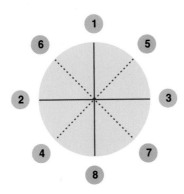

❺ 좌족 원위치 내리며 우족 우전방 우정보로 나가며 동시에 우합관으로 면상을 타격하고 좌수는 회음 부위를 방어한다. **우정보, 우합관, 인중혈**

❻ 좌족 들어 좌전방 좌합족으로 복부 부위를 타격한다, **좌합족, 중완혈**

❼ 좌족 원위치 내리며 동시에 우족 들어 우후방 우외족으로 가슴 부위를 타격한다. **우외족, 전중혈**

❽ 우족을 원위치 내리며 양수 땅을 짚고 좌원족으로 후방에 있는 상대의 가슴 부위나 턱을 타격한다(양수 땅에 닿지 않아도 되며 우수를 땅에 짚어도 무방하다). **좌원족, 구미혈, 염천혈**

◉ 좌족 원위치하며 준비자세

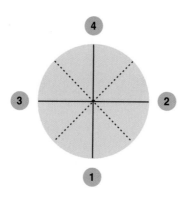

❶ 준비자세에서 돌단자리 숨쉬기를 하며 서서히 양수 땅을 짚고 우원족으로 후방에 있는 상대의 가슴 부위나 턱을 타격한다(양수 땅에 닿지 않아도 되며 좌수를 땅에 짚어도 무방하다). **우원족, 구미혈, 염천혈**

❷ 우족 원위치 오며 우방으로 몸 틀며 좌긍족으로 돌려 옆구리를 타격한다. **좌긍족, 장문혈**

❸ 좌방으로 우족과 몸을 틀며 좌족을 좌정보로 내려딛으며 동시에 좌외수로 목 부위를 타격하고 우수는 회음 부위를 방어한다. **좌정보, 좌외수, 천용혈**

❹ 전방으로 몸을 틀면서 우긍족으로 턱 부위를 타격한다. **우긍족, 염천혈**

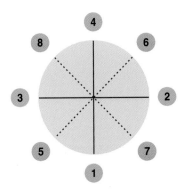

❺ 우족을 원위치 내리며 딛고 좌족을 좌후방 좌측보로 서며 동시에 좌합관으로 면상을 타격하고 우수는 회음 부위를 방어한다. **좌측보, 좌합관, 인중혈**

❻ 우방으로 몸과 우족을 틀면서 동시에 좌족을 들어 우전방 좌외족으로 복부 부위를 타격한다. **좌외족, 중완혈**

❼ 좌외족 원위치 내려딛으며 동시에 우족 들어올려 우외족으로 우후방 가슴 부위를 타격한다. **우외족, 전중혈**

❽ 우외족 원위치 내려딛으며 우후방으로 양수 땅을 짚고 좌전방으로 좌족을 굽혔다 펴며 좌원족으로 상대의 명치나 턱 부위를 타격한다(양수 땅에 닿지 않아도 되며 우수 땅을 짚어도 무방하다). **좌원족, 구미혈, 염천혈**

◉ 몸 약간 틀며 좌족 원위치 내리며 준비자세

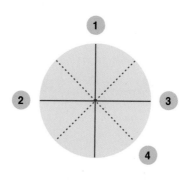

❶ 준비자세에서 돌단자리 숨쉬기를 하며 서서히 좌내족으로 전방 우향 앞돌려 면상을 타격한다. **좌 내족, 협거혈, 객주인혈**

❷ 좌족을 우방에 내려놓으며 동시에 몸을 우향으로 돌리며 좌방 우측보로 내딛으며 우합관으로 면상을 타격하고 좌수는 회음 부위를 방어한다. **우측보, 우합관, 인중혈**

❸ 몸을 좌향으로 돌리며 동시에 우외족으로 우방 가슴 부위를 타격한다. **우외족, 전중혈**

❹ 우족 원위치 내리며 동시에 좌족을 들어 뒤차기 하듯이 좌족관으로 우후방 명치 부위를 타격한다. **좌족관, 구미혈**

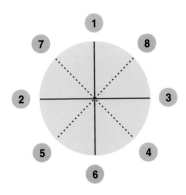

❺ 좌족관을 원위치하며 우족을 들어 뒤차기 하듯이 우족관으로 좌후방 명치 부위를 타격한다. **우족관, 구미혈**

❻ 우족을 후방으로 내려 우측보로 서며 우전관으로 상대방의 턱을 후려 올려 타격하며 좌수는 회음 부위를 방어한다. **우측보, 우전관, 염천혈**

❼ 좌족을 당겼다가 동시에 좌외족으로 좌전방 복부 부위를 타격한다. **좌외족, 중완혈**

❽ 좌족을 원위치 내리며 동시에 우전방으로 우정보로 나가며 우수 상단 방어하고 좌수는 회음 부위를 방어한다. **우정보, 우수상방**

◉ 우족 원위치하며 준비자세

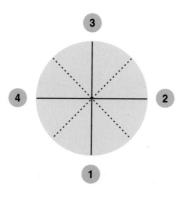

❶ 준비자세에서 돌단자리 숨쉬기를 하며 서서히 양수 땅을 짚고 우족을 굽혔다가 우원족으로 상대의 명치나 턱 부위를 타격한다(양수 땅에 닿지 않아도 되며 좌수 땅을 짚어도 무방하다). **우원족, 구미혈, 염천혈**

❷ 우족을 원위치에 내리며 동시에 몸을 우방으로 틀어 좌합족으로 복부 부위를 타격한다. **좌합족, 중완혈**

❸ 좌족을 원위치에 내리며 동시에 몸 틀며 우내족을 전방 좌향으로 앞돌려 면상을 타격한다. **우내족, 협거혈, 객주인혈**

❹ 우족을 원위치에 내리며 동시에 좌외족으로 좌방 가슴 부위를 타격한다. **좌외족, 전중혈**

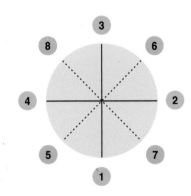

❺ 좌족을 원위치에 내리며 동시에 몸을 좌후방으로 틀며 우압족으로 위에서 밑으로 어깨 부위를 타격한다. **우압족, 기사혈**

❻ 좌향으로 몸을 틀며 동시에 우정보 우전방으로 원위치 나가며 우정관으로 면상을 타격하고 좌수는 회음 부위를 방어한다. **우정보, 우정관, 인중혈**

❼ 우후방으로 몸을 틀며 좌압족으로 위에서 밑으로 어깨 부위를 타격한다. **좌압족, 견정혈**

❽ 몸을 좌전방으로 틀며 동시에 좌족 좌측보로 내딛으며 좌전관으로 턱을 후려 올려 타격한다. **좌측보, 좌전관, 염천혈**

◉ 좌족 원위치하며 준비자세

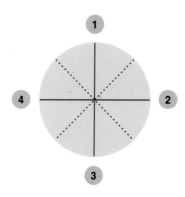

❶ 준비자세에서 돌단자리 숨쉬기를 하며 서서히 좌내족으로 우향 앞돌려 전방 면상을 타격한다. **좌내족, 협거혈, 객주인혈**

❷ 좌족을 내리며 동시에 우외족으로 우방 가슴 부위를 타격한다. **우외족, 전중혈**

❸ 우족을 원위치 내려딛으며 동시에 양수 땅을 짚고 좌족을 굽혔다가 펴며 좌원족으로 상대의 명치나 턱 부위를 타격한다(양수 땅에 닿지 않아도 되며 우수 땅을 짚어도 무방하다). **좌원족, 구미혈, 염천혈**

❹ 좌족을 원위치하며 좌방으로 몸을 틀어 우긍족으로 복부 부위를 타격한다. **우긍족, 중완혈**

  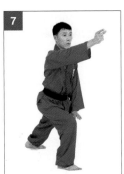 

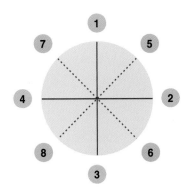

❺ 우족을 우전방 우측보로 옮겨 딛으며 우합관으로 면상을 타격하고 좌수는 회음 부위를 방어한다. **우측보, 우합관, 인중혈**

❻ 좌향으로 몸 돌려 틀며 동시에 우후방 좌측보로 서며 좌전관으로 면상을 타격하고 우수는 회음 부위를 방어한다. **좌측보, 좌전관, 인중혈**

❼ 우향으로 다시 몸 돌려 동시에 우족 원위치하고 좌전방 우정보로 서며 우장관으로 목 부위를 타격하고 좌수는 회음 부위를 방어한다. **우정보, 우장관, 수돌혈**

❽ 좌외족으로 좌후방 가슴 부위를 타격한다. **좌외족, 전중혈**

◉ 좌족 원위치하며 준비자세

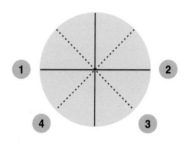

❶ 준비자세에서 돌단자리 숨쉬기를 하며 서서히 좌족을 들어 좌외족으로 좌방 가슴 부위를 타격한다. **좌외족, 전중혈**

❷ 좌족 원위치 내리며 동시에 우족을 들어 우외족으로 우방 가슴 부위를 타격한다. **우외족, 전중혈**

❸ 우족 원위치 내리며 동시에 양수 땅 짚고 우후방으로 좌족을 들어 좌원족으로 명치나 턱 부위를 타격한다(양수 땅에 닿지 않아도 되며 우수 땅을 짚어도 무방하다). **좌원족, 구미혈, 염천혈**

❹ 좌족 원위치 내리며 동시에 양수 땅 짚고 좌후방으로 우족을 들어 우원족으로 명치나 턱 부위를 타격한다(양수 땅에 닿지 않아도 되며 좌수 땅을 짚어도 무방하다). **우원족, 구미혈, 염천혈**

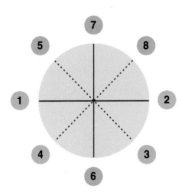

❺ 우족 원위치 내리며 동시에 좌족을 들어 좌합족으로 좌전방 명치 부위를 타격한다. **좌합족, 구미혈**

❻ 좌족 원위치 내리며 동시에 후방으로 우측보 내딛으며 우합관으로 면상을 타격하고 좌수는 회음 부위를 방어한다. **우측보, 우합관, 인중혈**

❼ 몸은 후방을 향하면서 동시에 좌족을 당겨 들어 전방으로 좌족관 뒤차기 하듯이 명치 부위를 타격한다. **좌족관, 구미혈**

❽ 좌족을 원위치 내리며 동시에 우정보 우전방으로 나가며 우교관으로 상대 눈을 타격하고 좌수는 회음 부위를 방어한다. **우정보, 우교관, 정명혈**

◉ 우족 원위치하며 준비자세

2) 팔형법八形法

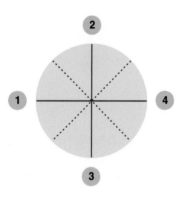

❶ 준비자세에서 돌단자리 숨쉬기를 하며 서서히 몸을 좌향으로 틀어 동시에 좌반보로 옮기며 좌외수로 좌방 목 부위를 타격하고 우수는 회음 부위를 방어한다. **좌반보, 좌외수, 수돌혈**

❷ 좌족을 전방 좌정보로 나가며 동시에 좌정관으로 면상을 타격하고 우수는 회음 부위를 방어한다. **좌정보, 좌정관, 인중혈**

❸ 우향으로 몸을 틀어 동시에 우족을 후방으로 옮겨 앉으며 우외수 옆구리 부위를 타격하고 좌수는 회음 부위를 방어한다. **우상보, 우외수, 경문혈, 장문혈**

❹ 일어나며 동시에 좌족을 우방으로 옮겨 좌정보로 나가며 좌장관 목 부위를 타격하고 우수는 회음 부위를 방어한다. **좌정보, 좌장관, 부돌혈**

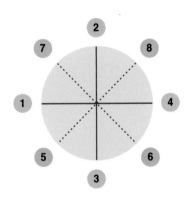

❺ 몸을 좌향으로 틀어 동시에 좌후방 좌측보로 옮겨 딛으며 좌수전골로 목 부위를 타격하고 우수는 회음 부위 방어한다. **좌측보, 좌수전골, 수돌혈**

❻ 몸을 우향으로 틀어 동시에 우후방 우측보로 옮겨 딛으며 우관골로 가슴 부위를 타격하고 좌수는 회음 부위를 방어한다. **우측보, 우관골, 전중혈**

❼ 좌족 원위치하며 동시에 좌전방 좌측보로 내딛으며 좌합관으로 면상을 타격하고 우수는 회음 부위를 방어한다. **좌측보, 좌합관, 인중혈**

❽ 우족을 우전방 우정보로 나가며 동시에 우장골로 면상을 타격하고 좌수는 회음 부위를 방어한다. **우정보, 우장골, 협거혈, 승장혈**

◉ 우족 원위치하며 준비자세

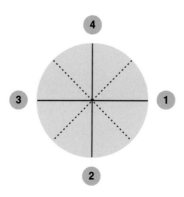

❶ 준비자세에서 돌단자리 숨쉬기를 하며 서서히 몸을 좌방으로 틀어 양수 땅을 짚고 동시에 좌원족으로 우방 명치나 턱 부위를 타격한다(양수 땅에 닿지 않아도 되며 우수 땅을 짚어도 무방하다). **좌원족, 구미혈, 염천혈**

❷ 좌족을 후방 좌측보로 내리며 동시에 좌합관으로 면상을 타격하고 우수는 회음 부위를 방어한다. **좌측보, 좌합관, 인중혈**

❸ 우족을 좌방 우정보로 나가며 동시에 우교관으로 눈을 타격하고 좌수는 회음 부위를 방어한다. **우정보, 우교관, 정명혈**

❹ 몸을 좌향으로 틀어 뒤로 돌며 동시에 좌족을 옮겨 전방으로 앉으며 좌외수 옆구리 부위를 타격하고 우수는 회음 부위를 방어한다. **좌상보, 좌외수, 장문혈**

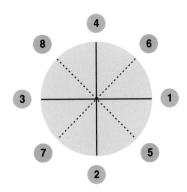

❺ 일어나며 동시에 우족을 우후방 우측보로 내딛으며 우전관으로 후려 올려 턱을 타격하고 좌수는 회음 부위를 방어한다. **우측보, 우전관, 염천혈**

❻ 우족을 당기며 동시에 우합족으로 우전방 명치를 타격한다. **우합족, 구미혈**

❼ 우족 원위치하며 동시에 좌족을 들어 좌족관으로 좌후방 명치 부위를 타격한다. **좌족관, 구미혈**

❽ 좌족 좌전방으로 내려앉으며 동시에 쌍관지로 복부 부위를 타격한다. **좌상보, 쌍관지, 일월혈, 복애혈**

◉ 좌족 원위치하며 준비자세

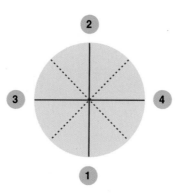

❶ 준비자세에서 돌단자리 숨쉬기를 하며 서서히 양수 땅을 짚고 동시에 좌원족으로 후방 명치나 턱 부위를 타격한다(양수 땅에 닿지 않아도 되며 우수 땅을 짚어도 무방하다). **좌원족, 구미혈, 염천혈**

❷ 좌족 원위치 내리며 동시에 우족 전방으로 나가 앉으며 우중골로 복부 부위를 타격하고 좌수는 회음 부위를 방어한다. **우상보, 우중골, 중완혈**

❸ 일어나며 동시에 몸을 좌방으로 틀며 좌측보 좌전관으로 후려 올려 목 부위를 타격하고 우수는 회음 부위를 방어한다. **좌측보, 좌전관, 수돌혈, 부돌혈**

❹ 우족 들어 우외족으로 우방 명치 부위를 타격한다. **우외족, 구미혈**

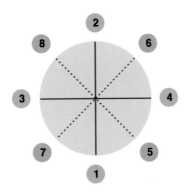

❺ 우족 원위치 내리며 동시에 우후방으로 몸 틀며 좌압족으로 위에서 밑으로 어깨 부위를 타격한다.
좌압족, 기사혈

❻ 좌족 원위치 내리며 동시에 좌향으로 몸 틀며 우소족골로 우전방 허벅지 안쪽 기문혈이나 명치 부위를 타격한다. **우소족골, 기문혈, 구미혈**

❼ 우족 원위치 오며 동시에 좌족 들어 좌외족으로 좌후방 가슴 부위를 타격한다. **좌외족, 전중혈**

❽ 좌족 좌전방 좌정보로 내려딛으며 동시에 좌하골로 면상을 타격하고 우수는 회음 부위를 방어한다.
좌정보, 좌하골, 인중혈

◉ 좌족 원위치하며 준비자세

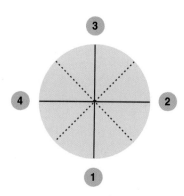

❶ 준비자세에서 돌단자리 숨쉬기를 하며 서서히 양수 땅 짚고 동시에 우원족으로 후방 명치나 턱 부위를 타격한다(양수 땅에 닿지 않아도 되며 좌수 땅을 짚어도 무방하다). **우원족, 구미혈, 승장혈**

❷ 우족 원위치 내리며 몸 좌향으로 틀며 동시에 양수 땅 짚고 좌원족으로 우방 명치나 턱 부위를 타격한다(양수 땅에 닿지 않아도 되며 우수 땅을 짚어도 무방하다). **좌원족, 구미혈, 승장혈**

❸ 좌족 원위치 내리며 동시에 전방 좌향으로 우내족 앞돌려 면상을 타격한다. **우내족, 협거혈, 객주인혈**

❹ 우족 좌방 내리며 동시에 양수 또는 우수 땅 짚고 우족 무릎 땅에 대고 앉으며 좌외족으로 복부 부위를 타격한다. **좌외족, 중완혈**

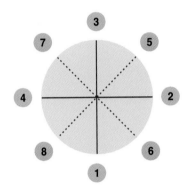

❺ 좌족 원위치 내리며 동시에 일어서며 우족을 우전방 우측보로 나가며 우합관으로 면상을 타격하고 좌수는 회음 부위를 방어한다. **우측보, 우합관, 인중혈**

❻ 우족 당겨 들어 우외족으로 우후방 면상을 타격한다. **우외족, 인중혈**

❼ 우족 원위치 내리며 동시에 좌족 들어 좌외족으로 좌전방 면상을 타격한다. **좌외족, 인중혈**

❽ 좌족 좌정보로 좌후방에 내리며 동시에 좌외수로 목 부위를 타격하고 우수는 회음 부위를 방어한다. **좌정보, 좌외수, 수돌혈**

◉ 좌족 원위치하며 준비자세

❶ 준비자세에서 돌단자리 숨쉬기를 하며 서서히 좌족 전방 우향으로 앞돌려 좌내족으로 면상을 타격한다.
 좌내족, 협거혈, 객주인혈

❷ 좌족을 우방에 내려놓으며 동시에 우족을 들어 우외족으로 우방 면상을 타격한다. **우외족, 인중혈**

❸ 우족 원위치 내렸다 갑자기 앉으며 좌향 몸 틀어 동시에 좌방으로 우족판 돌려 무릎 하단 부위를 타격한다. **우족판, 독비혈, 위중혈, 양교혈**

❹ 우족 내리며 동시에 양수 또는 우수 땅 짚고 우족 무릎 땅에 대고 앉으며 좌외족으로 후방 복부 부위를 타격한다. **좌외족, 중완혈**

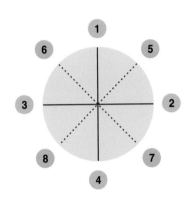

❺ 좌족 원위치 동시에 앉으며 우소족골로 우전방 무릎 아래 부위를 타격한다. **우소족골, 삼음교혈, 승산혈, 족삼리혈**

❻ 우족 원위치 일어서며 동시에 좌족 좌전방 좌정보로 나가며 좌내수 후려 올려 목 부위를 타격하고 우수는 회음 부위를 방어한다. **좌정보, 좌내수, 수돌혈, 부돌혈**

❼ 몸을 우향으로 틀며 동시에 좌소족골로 우후방 허벅지 부위를 타격한다. **좌소족골, 기문혈**

❽ 좌족 원위치 동시에 우압족으로 좌후방 머리 부위를 위에서 밑으로 타격한다. **우압족, 신정혈**

◉ 우족 좌향으로 틀어 원위치하며 준비자세

   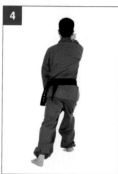

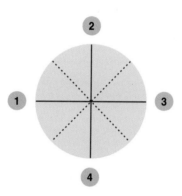

❶ 준비자세에서 돌단자리 숨쉬기를 하며 서서히 몸을 좌향으로 틀며 동시에 우족을 좌방 우정보로 나가며 우정관으로 면상을 타격하고 좌수는 회음 부위를 방어한다. **우정보, 우정관, 인중혈**

❷ 우족 당겨 들어 우외족으로 전방 가슴 부위를 타격한다. **우외족, 전중혈**

❸ 우족 원위치하며 동시에 몸을 좌향 뒤로 틀며 좌족을 우방 좌측보로 옮겨 좌합관으로 면상 부위를 타격하고 우수는 회음 부위를 방어한다. **좌측보, 좌합관, 인중혈**

❹ 우족을 후방 우정보로 나가며 우장관으로 목 부위를 타격하고 좌수는 회음 부위를 방어한다. **우정보, 우장관, 수돌혈, 부돌혈**

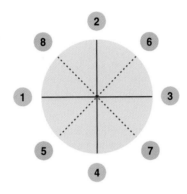

❺ 좌족 들어 우향으로 몸 틀며 동시에 좌압족으로 좌후방 머리 부위를 위에서 밑으로 타격한다. **좌압족,**
   신정혈
❻ 좌족 내려딛으며 동시에 우향으로 몸 틀어 우합족으로 우전방 복부 부위를 타격한다. **우합족, 중완혈**
❼ 우족 거두어 우후방으로 우측보 내려놓으며 동시에 우관골로 가슴 부위를 타격한다. 좌수는 우수를
   받쳐준다. **우측보, 우관골, 전중혈**
❽ 좌족 원위치 오며 동시에 좌정보 좌정관으로 좌전방 면상을 타격하고 우수는 회음 부위를 방어한다.
   좌정보, 좌정관, 인중혈
◉ 우족 원위치하며 준비자세

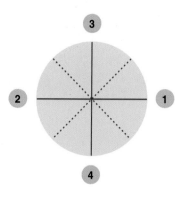

❶ 준비자세에서 돌단자리 숨쉬기를 하며 서서히 몸을 우향으로 틀며 동시에 좌족을 우방 좌정보로 나가며 좌정관 면상을 타격하고 우수는 회음 부위를 방어한다. **좌정보, 좌정관, 인중혈**

❷ 몸을 좌향 뒤로 틀며 동시에 우족을 좌방 우정보로 나가며 우정관으로 면상을 타격하고 좌수는 회음 부위를 방어한다. **우정보, 우정관, 인중혈**

❸ 우족을 당겨 들어 우외족으로 전방 가슴 부위를 타격한다. **우외족, 전중혈**

❹ 우족 원위치 내리며 동시에 좌족 들어 좌외족으로 후방 가슴 부위를 타격한다. **좌외족, 전중혈**

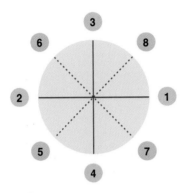

❺ 몸을 우향으로 틀어 우전방을 향하며 좌족 원위치하고 동시에 양수 땅을 짚고 우원족으로 좌후방 명치나
　 턱 부위를 타격한다(양수 땅에 닿지 않아도 되며 좌수 땅을 짚어도 무방하다). **우원족, 구미혈, 염천혈**

❻ 몸을 우향으로 틀어 우후방을 향하며 우족 원위치하고 동시에 양수 땅을 짚고 좌원족으로 좌전방 명치나
　 턱 부위를 타격한다(양수 땅에 닿지 않아도 되며 우수 땅을 짚어도 무방하다). **좌원족, 구미혈, 염천혈**

❼ 몸을 우향으로 틀어 좌전방을 향하며 동시에 우족 들어 우족관으로 우후방 명치 부위를 타격한다.
　 우족관, 구미혈

❽ 몸을 좌향으로 틀어 좌후방을 향하며 동시에 좌족 들어 좌족관으로 우전방 명치 부위를 타격한다.
　 좌족관, 구미혈

◉ 좌향 앞으로 몸 돌려 틀며 좌족 원위치하며 준비자세

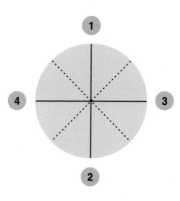

❶ 준비자세에서 돌단자리 숨쉬기를 하며 서서히 후방으로 양수 또는 좌수 땅 짚고 좌족 무릎 땅에 대고 앉으며 동시에 우외족으로 전방 복부 부위를 타격한다. **우외족, 중완혈**

❷ 앉은 채 전방으로 양수 또는 우수 땅 짚고 우족 무릎 땅에 대고 앉으며 동시에 좌외족으로 후방 복부 부위를 타격한다. **좌외족, 중완혈**

❸ 좌족 원위치하며 동시에 우족을 우방 우측보로 나가며 우합관으로 면상 부위를 타격한다. **우측보, 우합관, 인중혈**

❹ 몸을 좌향으로 틀어 좌방으로 우족 옮겨 앉으며 동시에 우중골로 명치 부위를 타격한다. **우상보, 우중골, 구미혈**

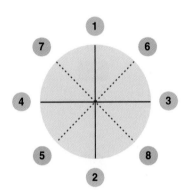

❺ 일어서며 동시에 좌족 들어 좌외족으로 좌후방 가슴 부위를 타격한다. **좌외족, 전중혈**

❻ 좌족 원위치 내리며 동시에 우전방 우정보로 나가며 우내수로 후려 올려 턱 부위를 타격하고 좌수는 회음 부위를 방어한다. **우정보, 우내수, 수돌혈, 염천혈**

❼ 몸을 좌향으로 틀어 동시에 좌족을 좌전방 좌정보로 나가며 좌수장으로 얼굴(뺨) 부위를 타격하고 우수는 회음 부위를 타격한다. **좌정보, 좌수장, 협거혈, 이문혈**

❽ 몸을 우향으로 틀어 동시에 우족을 우후방 우정보로 나가며 우외수로 목 부위를 타격하고 좌수장은 회음 부위를 방어한다. **우정보, 우외수, 수돌혈**

◉ 좌족 당겨 원위치하며 준비자세

마. 용마화龍馬花

용마화는 용세勇勢 12동작, 진세進勢 12동작, 방세方勢 12동작으로 이루어져 있다. 돌단자리 숨쉬기를 하면서 한 동작 한 동작 펼치며 서서히 몸에 익혀 숙달해나가고 동시에 몸 전체에 기를 유기하는 것이 중요하다.

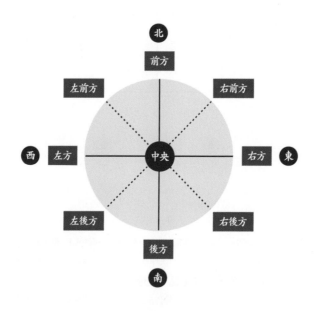

용·마·화·방·위·龍·馬·花·方·位

용·마·화·龍·馬·花
용세勇勢
진세進勢
방세方勢

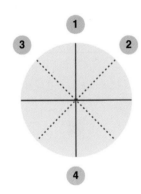

❶ 준비자세에서 돌단자리 숨쉬기를 하며 서서히 좌족 전방으로 좌정보 1보 나가며 동시에 좌관지로 가슴 부위를 타격하고 우수는 회음 부위를 방어한다. **좌정보, 좌관지, 유중혈**

❷ 우족 우전방으로 내딛으며 동시에 좌족을 우족 뒤에 놓고 무릎을 땅에 닿게 앉으며 쌍관지로 우전방 복부 부위를 타격한다. **쌍관지, 복애혈, 일월혈**

❸ 일어서며 좌족 좌전방 좌정보로 내딛으며 동시에 쌍관지로 가슴 부위를 타격한다. **쌍관지, 유중혈, 천지혈**

❹ 우족 후방 우정보로 옮겨 딛으며 동시에 우외수로 가슴 부위를 타격하고 좌수는 회음 부위를 방어한다. **우정보, 우외수, 유중혈, 전중혈**

   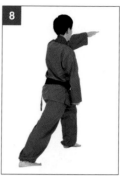

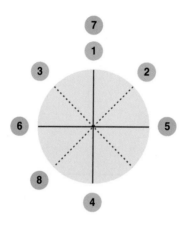

❺ 좌족 우방 좌정보로 옮겨 딛으며 동시에 좌장관으로 목 부위를 타격하고 우수는 회음 부위를 방어한다. **좌정보, 좌장관, 부돌혈, 수돌혈**

❻ 좌족 좌방 좌정보로 다시 옮겨 딛으며 동시에 좌외수로 목 부위를 타격하고 우수는 회음 부위를 방어한다. **좌정보, 좌외수, 수돌혈**

❼ 우족 전방 우정보로 내딛으며 동시에 우장관으로 목 부위를 타격하고 좌수는 회음 부위를 방어한다. **우정보, 우장관, 천돌혈, 수돌혈**

❽ 몸을 좌향으로 틀며 좌족 좌후방 좌정보로 내딛으며 동시에 좌교관으로 눈을 타격하고 우수는 회음 부위를 방어한다. **좌정보, 좌교관, 정명혈**

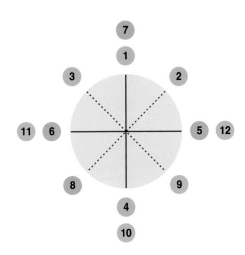

➒ 몸을 우향으로 틀며 동시에 우족을 우후방 우측보로 옮겨 딛으며 우전관 후려 올려 목 부위를 타격하고 좌수는 회음 부위를 방어한다. **우측보, 우전관, 염천혈**

➓ 몸을 좌향으로 틀며 동시 좌족을 후방 좌측보로 옮겨 딛으며 좌관골로 가슴 부위를 타격하고 우수는 좌수를 받쳐준다. **좌측보, 좌관골, 전중혈**

⓫ 좌족을 좌방 좌정보로 딛으며 동시에 좌외수로 목 부위를 타격하고 우수는 회음 부위를 방어한다. **좌정보, 좌외수, 수돌혈**

⓬ 몸을 우향으로 틀어 동시 좌족을 우방 좌정보로 옮겨 딛으며 좌장관으로 목 부위를 타격하고 우수는 회음 부위를 방어한다. **좌정보, 좌장관, 천돌혈, 부돌혈**

◉ 좌족 원위치하며 준비자세

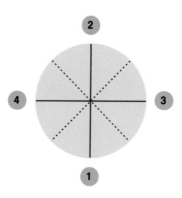

❶ 준비자세에서 돌단자리 숨쉬기를 하며 서서히 몸을 우향으로 틀며 동시에 우족을 후방 우정보로 딛으며 우장관으로 목 부위를 타격하고 좌수는 회음 부위를 방어한다. **우정보, 우장관, 천돌혈, 수돌혈**

❷ 몸을 좌향으로 틀며 동시에 좌족을 그대로 제자리하며 좌장관으로 전방 목 부위를 타격하고 우수는 회음 부위를 방어한다. **좌정보, 좌장관, 천돌혈, 수돌혈**

❸ 우족을 우방 우정보로 딛으며 동시 우교관으로 눈을 타격하고 좌수는 회음 부위를 방어한다. **우정보, 우교관, 정명혈**

❹ 좌족 당기며 동시에 몸을 좌향으로 틀어 좌족을 좌방으로 내려딛으며 좌반보 쌍외수로 옆구리 부위를 타격한다. **좌반보, 쌍외수, 경문혈, 일월혈**

 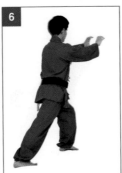  

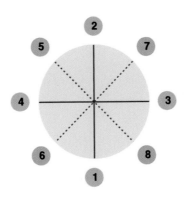

❺ 양수 땅 짚고 앉으며 동시에 좌긍족으로 좌전방 명치 부위를 타격한다. **좌긍족, 구미혈**

❻ 일어서며 몸 좌후방으로 틀며 동시에 좌정보 딛으며 쌍관지로 가슴 부위를 타격한다. **좌정보, 쌍관지, 유중혈, 천지혈**

❼ 우족을 우전방 우측보로 딛으며 우합관으로 면상을 타격하고 좌수는 회음 부위를 방어한다. **우측보, 우합관, 인중혈**

❽ 몸을 좌향으로 틀며 동시에 좌족을 우후방 좌정보로 딛으며 좌외수로 목 부위를 타격하고 우수는 회음 부위를 방어한다. **좌정보, 좌외수, 수돌혈**

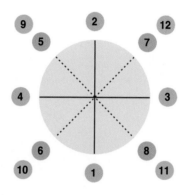

❾ 우족 들어 우외족으로 좌전방 가슴 부위를 타격한다. **우외족, 전중혈**

❿ 우족 원위치 내리며 동시에 좌족 들어 좌외족으로 좌후방 복부 부위를 타격한다. **좌외족, 중완혈**

⓫ 좌족 원위치 내리며 동시에 양수 땅을 짚고 우원족으로 우후방 명치나 턱 부위를 타격한다(양수 땅에
닿지 않아도 되며 좌수 땅을 짚어도 무방하다). **우원족, 구미혈, 염천혈**

⓬ 우족을 우전방 우정보로 내려딛으며 동시에 우수전골로 상단 방어하고 좌수는 회음 부위를 방어한다.
우정보, 우수전골

◉ 우족 원위치하며 준비자세

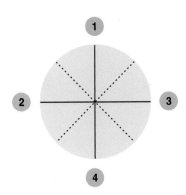

❶ 준비자세에서 돌단자리 숨쉬기를 하며 서서히 후방으로 양수 또는 우수 땅 짚고 우족 무릎 땅에 대고 앉으며 동시에 좌외족으로 전방 복부 부위를 타격한다. **좌외족, 중완혈**

❷ 좌족 원위치 당겨 놓으며 동시에 일어나 몸 좌향으로 틀어 우긍족으로 좌방 복부 부위를 타격한다. **우긍족, 중완혈**

❸ 우족 우방 우측보로 내려딛으며 우합관으로 면상을 타격하고 좌수는 회음 부위를 방어한다. **우측보, 우합관, 인중혈**

❹ 좌향으로 몸 틀어 돌며 동시에 우족판으로 후방 무릎 아래 부위를 타격한다. **우족판, 독비혈, 위중혈, 양교혈**

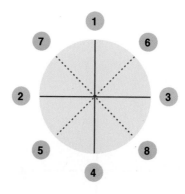

❺ 우족 원위치 내리며 동시에 좌외족으로 좌후방 복부 부위를 타격한다. **좌외족, 중완혈**

❻ 좌족 원위치 내려딛으며 동시에 우족 우전방 우정보로 나가며 쌍관지로 가슴 부위를 타격한다. **우정보, 쌍관지, 유중혈, 천지혈**

❼ 좌족을 좌전방으로 옮겨 좌정보로 딛고 좌외수로 가슴 부위를 타격하고 우수는 회음 부위를 방어한다. **좌정보, 좌외수, 전중혈**

❽ 몸을 우향으로 틀며 동시에 좌족을 우후방 좌정보로 옮겨 딛으며 좌정관으로 면상을 타격하고 우수는 회음 부위를 방어한다. **좌정보, 좌정관, 인중혈**

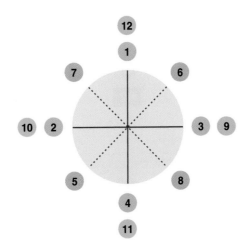

❾ 몸을 우향으로 틀며 동시에 우족을 우방 우측보로 옮기며 우관골로 가슴 부위를 타격하고 좌수는 우수를 받쳐준다. **우측보, 우관골, 전중혈**

❿ 좌족을 당겼다가 좌방 멀리 옮겨 좌원정보로 딛으며 좌수장으로 얼굴(뺨) 부위를 타격하고 우수는 회음 부위를 방어한다. **좌원정보, 좌수장, 협거혈, 이문혈**

⓫ 우족을 당겨 들어 우외족으로 후방 복부 부위를 타격한다. **우외족, 중완혈**

⓬ 우족 원위치 내리며 동시에 좌족을 전방 좌정보로 나가며 좌수전골로 상단 방어하고 우수는 회음 부위를 방어한다. **좌정보, 좌수전골**

◉ 좌족 원위치하며 준비자세

바. 용춘화龍春花

용춘화는 민세民勢 12동작, 활세活勢 12동작, 도세道勢 12동작으로 이루어져 있다. 돌단자리 숨쉬기를 하면서 한 동작 한 동작 펼치며 서서히 몸에 익혀 숙달해나가고 동시에 몸 전체에 기를 유기하는 것이 중요하다.

용 · 춘 · 화 · 방 · 위 · 龍 · 春 · 花 · 方 · 位

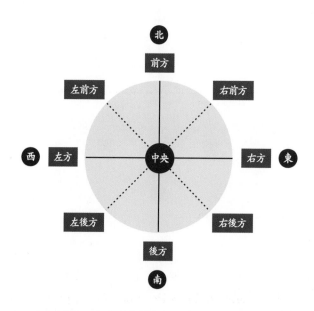

용 · 춘 · 화 · 龍 · 春 · 花
민세民勢
활세活勢
도세道勢

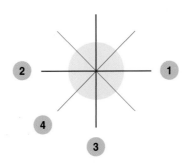

❶ 준비자세에서 돌단자리 숨쉬기를 하며 서서히 몸을 우방으로 틀면서 동시에 좌합족으로 명치 부위를 타격한다. **좌합족, 구미혈**

❷ 좌족 원위치 내려딛으며 좌방으로 몸을 틀어 동시에 우족 나가며 우정관으로 면상 부위를 타격하고 좌수는 회음 부위를 방어한다. **우정관, 인중혈**

❸ 몸을 우향으로 틀며 동시에 우족을 후방으로 옮겨 딛으며 우외수로 목 부위를 타격하고 좌수는 회음 부위를 방어한다. **우외수, 수돌혈**

❹ 몸을 좌향으로 틀며 동시에 좌족을 좌후방으로 옮겨 딛으며 좌관골로 명치 부위를 타격하고 우수는 회음 부위를 방어한다. **좌관골, 구미혈**

❺ 전방으로 우족 전진하며 동시에 우측 팔 둥글게 원을 그리며 어깨 부위를 땅에 대면서 몸 구르며 우외족으로 복부 부위를 타격하고 우족 내려딛으며 동시에 우외수로 목 부위를 타격하고 좌수는 회음 부위를 방어한다. **우외족, 우외수, 중완혈, 수돌혈**

❻ 후방으로 좌족 전진하며 동시에 좌측 팔 둥글게 원을 그리며 어깨 부위를 땅에 대면서 몸 구르며 좌외족으로 복부 부위를 타격하고 좌족 내려딛으며 동시에 좌외수로 목 부위를 타격하고 우수는 회음 부위를 방어한다. **좌외족, 좌외수, 중완혈, 부돌혈**

❼ 몸을 우향으로 틀며 동시에 우족 우후방으로 옮겨 딛으며 우합관으로 면상 부위를 타격하고 좌수는 회음 부위를 방어한다. **우합관, 인중혈**

❽ 좌방으로 좌족 전진하며 동시에 좌측 팔 둥글게 원을 그리며 어깨 부위를 땅에 대면서 몸 구르며 좌외족으로 가슴 부위를 타격하고 좌족 내려딛으며 동시에 좌외수로 목 부위를 타격하고 우수는 회음 부위를 방어한다. **좌외족, 좌외수, 전중혈, 천용혈**

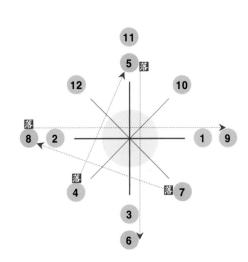

❾ 우방으로 우족 전진하며 동시에 우측 팔 둥글게 원을 그리며 어깨 부위를 땅에 대면서 몸 구르며 우외족으로 복부 부위를 타격하고 우족 내려딛으며 동시에 우외수로 목 부위를 타격하고 좌수는 회음 부위를 방어한다. **우외족, 우외수, 중완혈, 수돌혈**

❿ 좌족 우전방으로 나가며 좌정관으로 면상 부위를 타격하고 우수는 회음 부위를 방어한다. **좌정관, 인중혈**

⓫ 우합족으로 전방 복부 부위를 타격한다. **우합족, 중완혈**

⓬ 우족 내려딛으며 동시에 좌압족 돌려차기로 좌전방 면상을 타격한다. **좌압족, 객주인혈, 하관혈**

◉ 좌족 원위치하며 준비자세

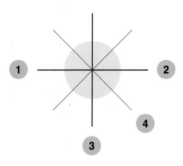

❶ 준비자세에서 돌단자리 숨쉬기를 하며 서서히 몸을 좌방으로 틀면서 동시에 우합족으로 명치 부위를 타격한다. **우합족, 구미혈**

❷ 좌족 원위치 내려딛으며 우방으로 몸을 틀어 동시에 좌족 나가며 좌정관으로 면상 부위를 타격하고 우수는 회음 부위를 방어한다. **좌정관, 인중혈**

❸ 몸을 좌향으로 틀며 동시에 좌족 후방으로 옮겨 딛으며 좌외수로 목 부위를 타격하고 우수는 회음 부위를 방어한다. **좌외수, 수돌혈**

❹ 몸을 우향으로 틀며 동시에 우족을 우후방으로 옮겨 딛으며 우관골로 명치 부위를 타격하고 좌수는 회음 부위를 방어한다. **우관골, 구미혈**

❺ 전방으로 좌족 전진하며 동시에 좌측 팔 둥글게 원을 그리며 어깨 부위를 땅에 대면서 몸 구르며 좌외족으로 복부 부위를 타격하고 좌족 내려딛으며 동시에 좌외수로 목 부위를 타격하고 우수는 회음 부위를 방어한다. **좌외족, 좌외수, 중완혈, 수돌혈**

❻ 후방으로 우족 전진하며 동시에 우측 팔 둥글게 원을 그리며 어깨 부위를 땅에 대면서 몸 구르며 우외족으로 복부 부위를 타격하고 우족 내려딛으며 동시에 우외수로 목 부위를 타격하고 좌수는 회음 부위를 방어한다. **우외족, 우외수, 중완혈, 부돌혈**

❼ 몸을 좌향으로 틀며 동시에 좌족 좌후방으로 옮겨 딛으며 좌합관으로 면상 부위를 타격하고 우수는 회음 부위를 방어한다. **좌합관, 인중혈**

❽ 우방으로 우족 전진하며 동시에 우측 팔 둥글게 원을 그리며 어깨 부위를 땅에 대면서 몸 구르며 우외족으로 가슴 부위를 타격하고 우족 내려 딛으며 동시에 우외수로 목 부위를 타격하고 좌수는 회음 부위를 방어한다. **우외족, 우외수, 전중혈, 천용혈**

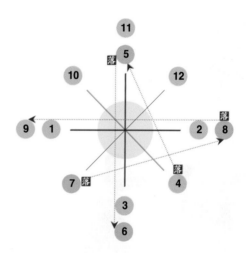

❾ 좌방으로 좌족 전진하며 동시에 좌측 팔 둥글게 원을 그리며 어깨 부위를 땅에 대면서 몸 구르며 좌외족으로 복부 부위를 타격하고 좌족 내려딛으며 동시에 좌외수로 목 부위를 타격하고 우수는 회음 부위를 방어한다. **좌외족, 좌외수, 중완혈, 수돌혈**

❿ 좌전방으로 우족 나가며 우정관으로 면상 부위를 타격하고 좌수는 회음 부위를 방어한다. **우정관, 인중혈**

⓫ 좌합족으로 전방 복부 부위를 타격한다. **좌합족, 중완혈**

⓬ 좌족 내려딛으며 동시에 우압족 돌려차기로 우전방 면상을 타격한다. **우압족, 객주인혈**

◉ 우족 원위치하며 준비자세

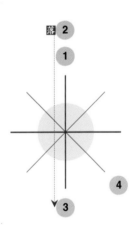

❶ 준비자세에서 돌단자리 숨쉬기를 하며 서서히 좌합족으로 전방 하복부 부위를 타격한다. **좌합족, 기해혈**

❷ 좌족 내려딛으며 동시에 우원족 전방으로 돌려차며 명치 부위를 타격한다. **우원족, 구미혈**

❸ 우족 내려딛으며 반동으로 좌족 후방으로 전진하며 동시에 좌측 팔 둥글게 원을 그리며 어깨 부위를 땅에 대면서 몸 구르며 좌외족으로 복부 부위를 타격하고 좌족 내려딛으며 동시에 좌외수로 목 부위를 타격하고 우수는 회음 부위를 방어한다. **좌외족, 좌외수, 중완혈, 부돌혈**

❹ 우족 우후방으로 옮겨 딛으며 우합관으로 면상을 타격하고 좌수는 회음 부위를 방어한다. **우합관, 인중혈**

국선도 무예 교본

❺ 좌족 당겨 좌외족으로 좌후방 면상 부위를 타격하고 동시에 좌외수로 목 부위를 타격하고 우수는 회음 부위를 방어한다. **좌외족, 좌외수, 인중혈, 수돌혈**

❻ 우족 당겨 우외족으로 우방 복부 부위를 타격한다. **우외족, 중완혈**

❼ 우족 우측 앞에 내려딛으며 좌압족으로 뒤돌려차며 옆구리를 타격한다. **좌압족, 경문혈**

❽ 우족 좌방으로 전진하며 동시에 우측 팔 둥글게 원을 그리며 어깨 부위를 땅에 대면서 몸 구르며 우외족 복부 부위를 타격하고 우외수는 목 부위를 타격하며 좌수는 회음 부위를 방어한다. **우외족, 우외수, 중완혈, 부돌혈**

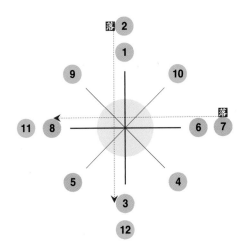

기
화
법

⑨ 좌족을 좌전방으로 좌향 틀어 돌아 옮겨 딛으며 동시에 좌외수로 가슴 부위를 타격하고 우수는 회음 부위를 방어한다. **좌외수, 전중혈**

⑩ 우족 우전방으로 옮겨 딛으며 동시에 우정관으로 면상 부위를 타격하고 좌수는 회음 부위를 방어한다. **우정관, 인중혈**

⑪ 우족 빠지면서 동시에 좌족 좌방으로 내딛으며 좌관골로 가슴 부위를 타격하고 우수는 좌수를 받쳐준다. **좌관골, 전중혈**

⑫ 우족 후방으로 옮겨 딛으며 동시에 우외수로 목 부위를 타격한다. **우외수, 수돌혈**

◉ 우족 원위치하며 준비자세

사. 춘비화春飛花

춘비화는 역세逆勢 12동작, 악세惡勢 12동작, 멸세滅勢 12동작으로 이루어져 있다. 돌단자리 숨쉬기를 하면서 한 동작 한 동작 펼치며 서서히 몸에 익혀 숙달해나가고 동시에 몸 전체에 기를 유기하는 것이 중요하다.

춘·비·화·방·위·春·飛·花·方·位

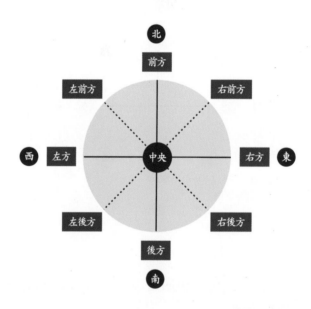

춘·비·화·春·飛·花

역세逆勢
악세惡勢
멸세滅勢

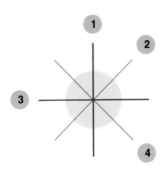

❶ 준비자세에서 돌단자리 숨쉬기를 하며 서서히 좌족 전방으로 1보 나가며 동시에 무릎 세워 앉아 좌중골로 명치 부위를 타격하고 우수는 회음 부위를 방어한다. **좌상보, 좌중골, 구미혈**

❷ 우족 우전방으로 1보 내딛으며 동시에 우장관으로 목 부위를 타격하고 좌수는 회음 부위를 방어한다. **우장관, 수돌혈**

❸ 몸을 우향으로 틀며 동시에 우족 좌방으로 옮겨 딛으며 우외수로 가슴 부위를 타격하고 좌수는 회음 부위를 방어한다. **우외수, 전중혈**

❹ 좌족을 우후방으로 옮겨 딛으며 동시에 좌수전골로 상단 방어하고 우수는 회음 부위를 방어한다. **좌수전골상단방어**

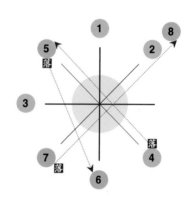

❺ 몸을 우향으로 틀며 동시에 우족을 좌전방으로 나가며 우측 팔 둥글게 원을 그리며 어깨 부위를 땅에 대면서 몸 구르며 일어서 우광족으로 하복부 부위를 타격한다. **우광족, 기해혈**

❻ 몸을 좌향으로 틀며 동시에 좌족 후방으로 나가며 좌측 팔 둥글게 원을 그리며 어깨 부위를 땅에 대면서 몸 구르며 좌정관으로 면상을 타격하고 좌외족으로 복부 부위를 타격한다. **좌정관, 좌외족, 인중혈, 중완혈**

❼ 좌족 반동으로 몸을 좌향으로 틀어 뒤로 돌며 동시에 좌족 좌후방으로 옮겨 딛으며 좌관골로 명치 부위를 타격하고 우수는 좌수를 받쳐준다. **좌관골, 구미혈**

❽ 우족 뒤로 내딛었다가 우전방으로 나가며 우측 팔 둥글게 원을 그리며 어깨 부위를 땅에 대면서 몸 구르며 좌압족으로 머리 부위를 위에서 아래로 타격한다. **좌압족, 신정혈**

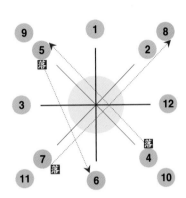

❾ 몸을 좌향으로 틀어 좌전방으로 돌며 동시에 우족 뒤로 내딛으며 좌족 나가면서 꿇어앉으며 좌중골로 명치 부위를 타격하고 우수는 회음 부위를 방어한다. **좌중골, 구미혈**

❿ 일어서면서 동시에 우족 당겨 들어 우외족으로 우후방 가슴 부위를 타격한다. **우외족, 전중혈**

⓫ 우족 내려딛으며 동시에 좌후방으로 몸을 틀어 좌족 내딛으며 좌합관으로 면상을 타격하고 좌족 옮겨 딛으며 동시에 좌관지로 후방 가슴 부위를 타격하고 우수는 회음 부위를 방어한다. **좌합관, 좌관지, 인중혈, 유중혈**

⓬ 몸을 좌향으로 틀며 동시에 좌족관 우방으로 돌려차며 옆구리를 타격한다. **좌족관, 장문혈**

◉ 몸 돌려 좌족 원위치 오며 준비자세

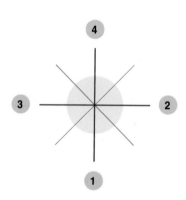

❶ 준비자세에서 돌단자리 숨쉬기를 하며 서서히 우족 후방으로 1보 내딛으며 동시에 쌍하골로 가슴 부위를 타격한다. **쌍하골, 천지혈, 유중혈**

❷ 우족 우방으로 옮겨 딛으며 동시에 우외수로 가슴 부위를 타격하고 좌수는 회음 부위를 방어한다. **우외수, 전중혈**

❸ 좌족 당겨 들어 좌외족으로 좌방 가슴 부위를 타격한다. **좌외족, 전중혈**

❹ 좌족 내려딛으며 동시에 우긍족으로 전방 복부 부위를 타격한다. **우긍족, 중완혈**

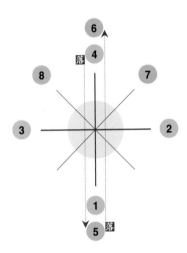

❺ 우족 내려딛고 동시에 후방으로 좌족 나가며 좌측 팔 둥글게 원을 그리며 어깨 부위를 땅에 대면서 몸 구르며 좌원족(양수 땅을 짚어도 무방하다)으로 명치 부위를 타격한다. **좌원족, 구미혈**

❻ 반동으로 우족 전방 나가며 우측 팔 둥글게 원을 그리며 어깨 부위를 땅에 대면서 몸 구르며 우수전골로 상단 방어하고 좌수는 회음 부위를 방어한다. **우수전골상단방어**

❼ 몸을 좌향으로 틀며 동시에 좌관골로 우전방 명치 부위를 타격하고 우수는 좌수를 받쳐준다. **좌관골, 구미혈**

❽ 몸을 우향으로 틀며 동시에 좌금족으로 좌전방 명치 부위를 타격한다. **좌금족, 구미혈**

국선도 무예 교본

❾ 좌족을 우방으로 내려딛으며 좌측 어깨 부위를 땅에 대고 몸 구르며 좌원족(양수 땅을 짚어도 무방하다)
으로 턱 부위를 타격한다. **좌원족, 염천혈**

❿ 우족 좌후방으로 나가며 우측 어깨 부위를 땅에 대고 몸 구르며 일어서 우외족으로 가슴 부위를 타격
한다. **우외족, 전중혈**

⓫ 우족 우후방으로 내려딛으며 우정관으로 면상을 타격하고 좌수는 회음 부위를 방어한다. **우정관,
인중혈**

⓬ 몸을 좌후방으로 틀며 동시에 좌족 들어 좌외족으로 복부 부위를 타격하고 이어서 좌압족으로 돌려차며
면상 부위를 타격한다. **좌외족, 좌압족, 중완혈, 협거혈**

◉ 좌족 원위치하며 준비자세

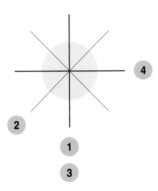

❶ 준비자세에서 돌단자리 숨쉬기를 하며 서서히 좌족을 후방으로 1보 내딛으며 좌수전골로 상단 방어하고 우수는 회음 부위를 방어한다. **좌수전골상단방어**

❷ 우족 들어 우긍족으로 좌후방 명치 부위를 찍어 찬다. **우긍족, 구미혈**

❸ 우족 원위치 내려딛으며 좌원족(양수 짚어도 무방하다)으로 후방 명치 부위를 타격한다. **좌원족, 구미혈**

❹ 좌족 내려딛으며 우외족으로 우방 가슴 부위를 타격한다. **우외족, 전중혈**

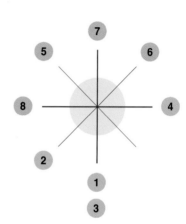

❺ 우족 내려딛으며 동시에 좌외족으로 좌전방 명치 부위를 타격하고 동시에 몸 틀어 좌향으로 돌며 우소족골로 좌방 하단 부위를 타격한다. **좌외족, 우소족골, 구미혈, 양교혈**

❻ 우족 내리며 동시에 우전방으로 내딛으며 앉아 우중골로 명치 부위를 타격하고 좌수는 회음 부위를 방어한다. **우중골, 구미혈**

❼ 일어서며 동시에 좌족 전방으로 1보 나가며 좌장관으로 목 부위를 타격하고 우수는 회음 부위를 방어한다. **좌장관, 천돌혈, 수돌혈**

❽ 몸을 우향으로 틀어 돌며 동시에 우족을 좌방으로 옮겨 딛으며 우외수로 목 부위를 타격한다. **우외수, 수돌혈**

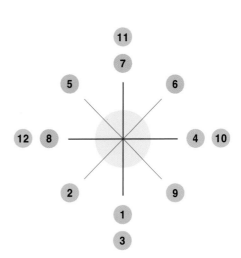

❾ 좌족 우후방으로 내딛으며 동시에 좌정관으로 면상을 타격하고 우수는 회음 부위를 방어한다. **좌정관,
인중혈**

❿ 좌족 우방으로 옮겨 딛으며 동시에 좌전관으로 후려 올려 턱 부위를 타격하고 우수는 회음 부위를
방어한다. **좌전관, 염천혈**

⓫ 몸을 우향으로 틀면서 동시에 우외족으로 전방 가슴 부위를 타격하고 내려딛음과 동시에 연이어
좌압족으로 어깨 부위를 위에서 아래로 찍어 찬다. **우외족, 좌압족, 전중혈, 기사혈**

⓬ 몸을 좌향으로 틀며 동시에 좌족 좌후방으로 옮겨 딛으며 좌하골로 면상을 타격하고 우수는 회음
부위를 방어한다. **좌하골, 승장혈**

◉ 좌족 원위치하며 준비자세

아. 호진법虎進法

호진법은 약세躍勢 12동작, 열세列勢 12동작, 성세盛勢 12동작으로 이루어져 있다. 돌단자리 숨쉬기를 하면서 한 동작 한 동작 펼치며 서서히 몸에 익혀 숙달해나가고 동시에 몸 전체에 기를 유기하는 것이 중요하다.

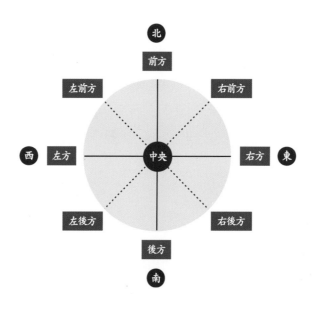

호 · 진 · 법 · 방 · 위 · 虎 · 進 · 法 · 方 · 位

호 · 진 · 법 · 虎 · 進 · 法
약세躍勢
열세列勢
성세盛勢

❶ 준비자세에서 돌단자리 숨쉬기를 하며 서서히 좌족을 전방 1보 좌정보로 나가며 좌정관으로 가슴 부위를 타격하고 동시에 뛰며 우긍족으로 턱 부위를 타격한다. **좌정관, 뛰어우긍족, 전중혈, 염천혈**

❷ 우족 원위치 딛으며 몸을 좌향으로 틀어 좌외족으로 후방 가슴 부위를 타격하고 동시에 우족 돌려차며 옆구리 부위를 타격한다. **좌외족, 우원족, 전중혈, 경문혈**

❸ 우족 우방으로 내려딛으며 우수전골 상단 방어하고 좌긍족으로 복부혈을 타격한다. **우수전골상단방어, 좌긍족, 중완혈**

❹ 몸을 좌향으로 틀어 좌족을 좌방으로 옮겨 딛으며 좌수전골로 상단 방어하고 우긍족으로 명치 부위를 타격한다. **좌수전골상단방어, 우긍족, 구미혈**

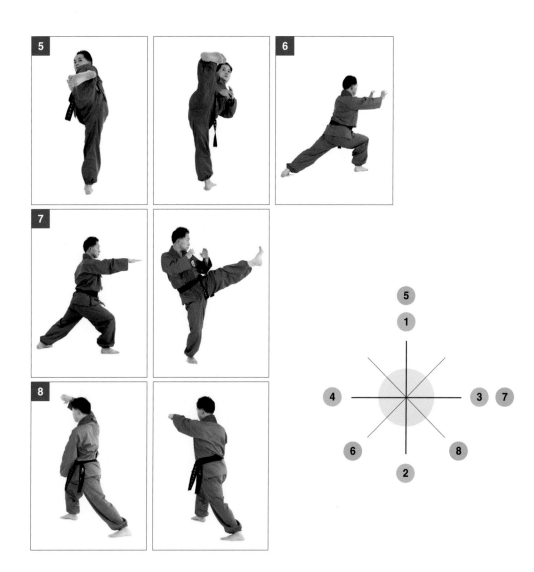

❺ 우족 원위치하고 좌외족으로 전방 가슴 부위를 타격하고 동시에 우원족 뒤돌려 옆구리 부위를 타격한다.
　좌외족, 우원족, 전중혈, 장문혈

❻ 우원족을 좌후방으로 멀리 뻗어 내딛으며 쌍관지로 가슴 부위를 타격한다. **쌍관지, 유중혈, 천계혈**

❼ 우향으로 몸 틀며 동시에 우족을 우방으로 옮겨 딛으며 우외수로 가슴 부위를 타격하고 동시에 좌긍족으로
　복부 부위를 타격한다. **우외수, 좌긍족, 전중혈, 중완혈**

❽ 좌족 원위치 내리며 동시에 우족을 우하방으로 내딛으며 우수전골로 상단 방어하고 동시에 좌정관으로
　면상을 타격한다. **우수전골상단방어, 좌정관, 인중혈**

❾ 몸을 좌향으로 틀어 돌며 동시에 후방으로 좌족 옮겨 나가며 좌관골로 가슴 부위를 타격하고 동시에 몸을
우향으로 틀어 돌아 후방으로 우족 나가며 우정관으로 면상을 타격한다. **좌관골, 우정관, 전중혈, 인중혈**

❿ 몸을 좌향으로 틀며 우전방으로 좌측 어깨 부위를 땅에 대고 몸을 구르며 좌원족(양수 땅 짚고 우족
무릎 땅에 댄다)으로 회음 부위를 타격하고 동시에 일어서며 좌수전골로 상단을 방어한다. **좌원족,
좌수전골상단방어, 회음혈**

⓫ 몸을 우향으로 틀며 동시에 우족 좌전방으로 옮겨 딛으며 우관골로 가슴 부위를 타격하고 동시에
좌합족 앞돌려 옆구리를 타격한다. **우관골, 좌합족, 전중혈, 경문혈**

⓬ 좌족 좌방에 내려놓으며 좌수전골로 상단 방어하고 동시에 우합족으로 앞돌려 옆구리를 타격한다.
좌수전골상단방어, 우합족, 장문혈

◉ 우족 원위치하며 준비자세

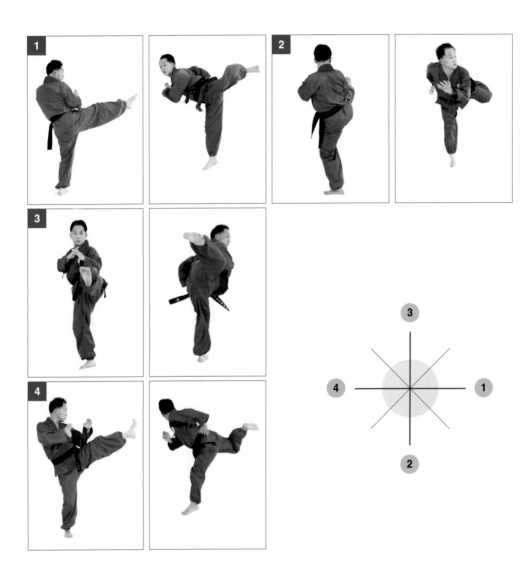

❶ 준비자세에서 돌단자리 숨쉬기를 하며 서서히 몸을 우향으로 틀며 동시에 우족 들어 우합족으로 전방 복부 부위를 타격하고 동시에 뛰며 좌외족 뒤돌려 면상을 타격한다. **우합족, 뛰며좌외족, 중완혈, 인중혈**

❷ 좌족을 후방으로 내려딛으며 동시에 우긍족으로 가슴 부위를 타격하고 동시에 뛰며 좌외족 뒤돌려 면상 부위를 타격한다. **우긍족, 뛰며좌외족, 전중혈, 인중혈**

❸ 좌족을 전방으로 내려딛고 우족 전방으로 나가며 동시에 좌합족으로 복부 타격하고 동시에 뛰며 우외족 뒤돌려 면상을 타격한다. **좌합족, 뛰며우외족, 중완혈, 인중혈**

❹ 우족을 좌방으로 내려딛으며 동시에 좌긍족으로 턱을 타격하고 동시에 뛰며 우외족 뒤돌려 면상을 타격한다. **좌긍족, 뛰며우외족, 염천혈, 인중혈**

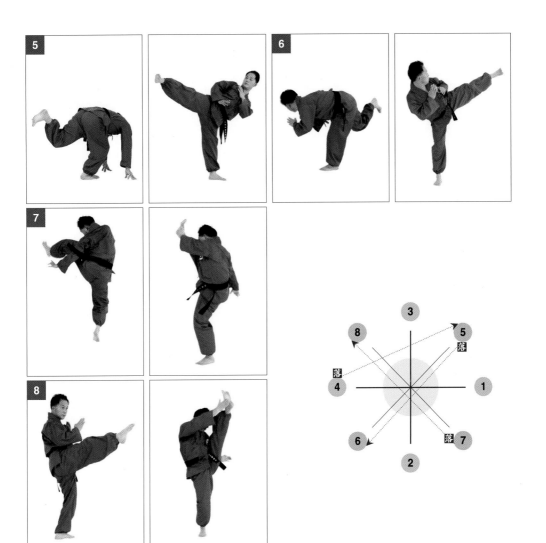

❺ 우족 내리며 우전방으로 좌측 어깨 부위를 땅에 대고 몸을 구르며 양수 땅 짚고 좌원족으로 회음 부위를 타격하고 일어서며 동시에 우긍족 앞돌려 가슴 부위를 타격한다. **좌원족, 우긍족앞돌려, 회음혈, 전중혈**

❻ 우족 내리며 좌후방으로 우측 어깨 부위를 땅에 대고 몸을 구르며 우원족으로 회음 부위를 타격하고 일어서며 동시에 좌긍족 앞돌려 가슴 부위를 타격한다. **우원족, 좌긍족앞돌려, 회음혈, 전중혈**

❼ 좌족을 우후방으로 내려딛으며 동시에 우족 우후방으로 뛰며 동시에 좌긍족으로 가슴 부위를 타격하고 동시에 우내족 앞돌려 면상 부위를 타격한다. **뛰며좌긍족, 우내족앞돌려, 전중혈, 객주인혈**

❽ 좌족 뒤로 옮겨 딛으며 우족 좌전방으로 우측 어깨 부위를 땅에 대고 몸을 구르며 일어서 우합족으로 복부 부위를 타격하고 동시에 좌내족 앞돌려 면상 부위를 타격한다. **우합족, 좌내족앞돌려, 중완혈, 객주인혈**

❾ 좌족 우전방에 내려딛으며 동시에 우합족으로 복부 부위를 타격하고 동시에 좌외족 뒤돌려 면상 부위를 타격한다. **우합족, 좌외족뒤돌려, 중완혈, 인중혈**

❿ 좌족 좌후방으로 내려딛으며 동시에 좌측 어깨 부위를 땅에 대고 몸을 굴렀다 일어나며 좌합족으로 앞차고 동시에 뛰며 우외족 뒤돌려 면상 부위를 타격한다. **좌합족, 뛰며우외족뒤돌려, 기해혈, 인중혈**

⓫ 우족을 내려놓으며 좌전방으로 좌긍족 앞차고 동시에 뛰며 우내족 앞돌려 면상 부위를 타격한다. **좌긍족, 뛰며우내족앞돌려, 중완혈, 협거혈**

⓬ 우족 당겨 우외족으로 우후방 가슴 부위를 타격하고 동시에 뛰며 좌내족 앞돌려 면상 부위를 타격한다. **우외족, 뛰며좌내족앞돌려, 전중혈, 협거혈**

◉ 좌족 원위치하며 준비자세

❶ 준비자세에서 돌단자리 숨쉬기를 하며 서서히 좌긍족으로 전방 앞차고 동시에 우외족 뒤돌려 면상 부위를 타격한다. **좌긍족, 우외족뒤돌려, 중완혈, 인중혈**

❷ 우족 후방으로 내려딛으며 좌긍족으로 복부 부위를 타격하고 동시에 우외족 뒤돌려 면상 부위를 타격한다. **좌긍족, 우외족뒤돌려, 중완혈, 인중혈**

❸ 우족 우방으로 내려딛으며 좌족판으로 앉으며 돌려 발 걸어 타격하고 동시에 좌수 땅 짚고 좌측 무릎 땅에 대고 우외족으로 옆구리 부위를 타격한다. **좌족판앉으며돌려발걸어, 우외족, 위중혈, 경문혈**

❹ 우족 내리며 좌방으로 좌측 어깨 부위 땅에 대고 몸을 구르며 우수 땅 짚고 우측 무릎 땅에 대고 좌외족으로 복부 부위를 타격하고 동시에 일어나며 우합족으로 명치 부위를 타격한다. **좌외족, 우합족, 중완혈, 구미혈**

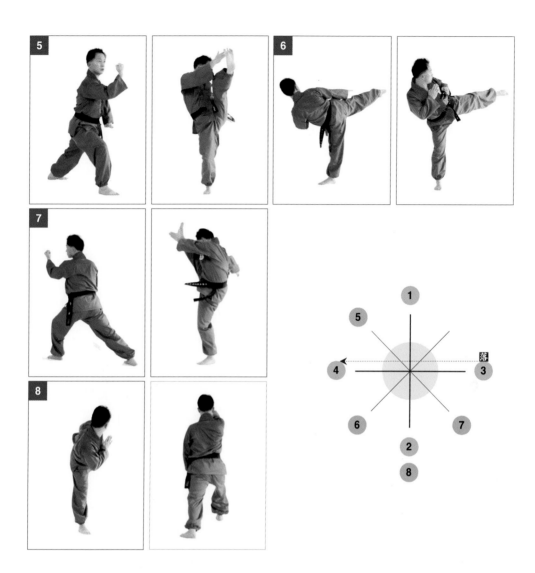

❺ 우족을 좌전방으로 내려딛으며 우합관으로 면상 부위를 타격하고 동시에 좌내족 앞돌려 면상 부위를 타격한다. **우합관, 좌내족앞돌려, 인중혈, 협거혈**

❻ 좌족 좌후방으로 내려딛으며 동시에 우외족으로 좌후방 가슴 부위를 타격하고 동시에 좌합족 앞돌려 옆구리 부위를 타격한다. **우외족, 좌합족앞돌려, 전중혈, 장문혈**

❼ 좌족 우후방으로 나가며 동시에 좌합관으로 면상 부위를 타격하고 동시에 우내족 앞돌려 면상 부위를 타격한다. **좌합관, 우내족앞돌려, 인중혈, 협거혈**

❽ 우족 후방으로 내려딛으며 동시에 좌외족으로 옆구리를 타격하고 동시에 우족 나가며 우정관으로 면상 부위를 타격한다. **좌외족, 우정관, 장문혈, 인중혈**

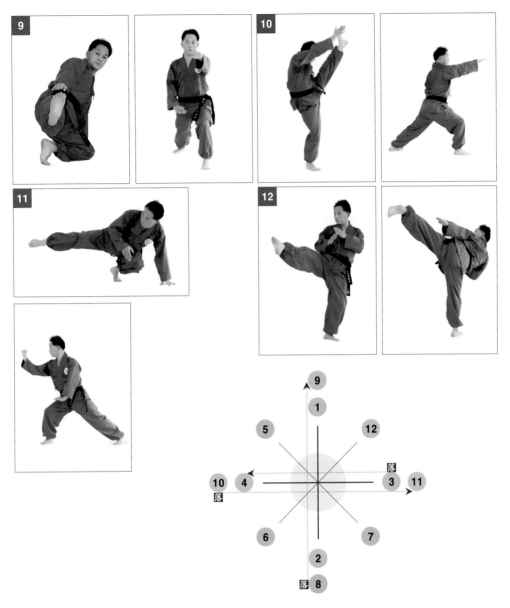

❾ 몸을 전방으로 틀며 우측 어깨 부위 땅에 대고 몸을 구르며 좌수, 좌족 땅 짚고 우광족으로 회음 부위를 타격하고 일어나며 동시에 뒤로 돌며 좌외수로 목 부위를 후려친다. **우광족, 뒤로돌며좌외수, 회음혈, 부돌혈**

❿ 몸 우향으로 틀어 우족 좌방으로 옮기며 좌내족 앞돌려 면상 부위를 타격하고 동시에 우족 나가며 우외수로 목 부위를 타격한다. **좌내족앞돌려, 우외수, 협거혈, 부돌혈**

⓫ 그대로 우방으로 제자리에 누우며 우측 어깨 부위를 땅에 대고 몸 구르며 좌수 땅 짚고 우족판으로 발 걸어 타격하고 일어나며 우합관으로 면상 부위를 타격한다. **우족판발걸어, 우합관, 승산혈, 인중혈**

⓬ 좌족 우전방으로 옮겨 딛으며 우합족으로 복부 부위를 타격하고 동시에 좌외족 뒤돌려 면상 부위를 타격한다. **우합족, 좌외족뒤돌려, 중완혈, 인중혈**

◉ 좌족 원위치하며 준비자세

자. 비룡법飛龍法

　비룡법은 매세梅勢 12동작, 실세實勢 12동작, 초세初勢 12동작으로 이루어져 있다. 돌단자리 숨쉬기를 하면서 한 동작 한 동작 펼치며 서서히 몸에 익혀 숙달해나가고 동시에 몸 전체에 기를 유기하는 것이 중요하다.

비 · 룡 · 법 · 방 · 위 · 飛 · 龍 · 法 · 方 · 位

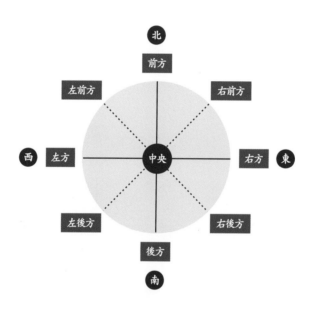

비 · 룡 · 법 · 飛 · 龍 · 法
매세梅勢
실세實勢
초세初勢

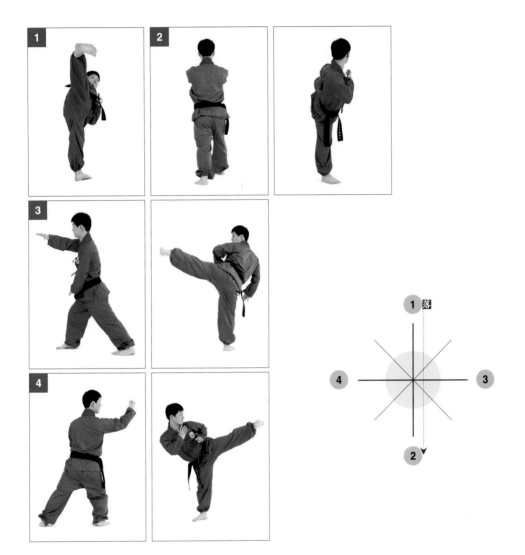

❶ 준비자세에서 돌단자리 숨쉬기를 하며 서서히 좌족 좌정보로 전방 1보 나가며 동시에 우외족 뒤돌려 면상 부위를 타격한다. **좌정보, 우외족뒤돌려, 인중혈**

❷ 우족 후방으로 내려딛으며 동시에 우측 어깨 부위를 땅에 대고 몸을 구르며 쌍관지로 가슴 부위를 타격하고 동시에 몸 우향으로 틀며 좌외족으로 옆구리 부위를 타격한다. **쌍관지, 좌외족, 유중혈, 경문혈**

❸ 좌족 우방으로 내려딛으며 동시에 우족 우정보로 나가며 우외수로 목 부위를 타격하고 동시에 제자리에서 몸 좌향으로 틀며 좌원족 뒤돌려 옆구리를 타격한다. **우정보, 우외수, 제자리좌원족뒤돌려, 우정보, 우외수**

❹ 좌족 내려딛으며 우족 좌방으로 나가며 우합관으로 면상 부위를 타격하고 동시에 좌원족 뒤돌려 옆구리 부위를 타격한다. **우합관, 좌원족뒤돌려, 인중혈, 경문혈**

❺ 좌족 전방으로 내려딛으며 좌수전골로 상단 방어하고 우긍족 앞돌려 옆구리 부위를 타격한다. **좌수전골 상단방어, 우긍족앞돌려, 경문혈**

❻ 우족 우방으로 내려딛으며 우수전골로 상단 방어하고 좌내족 앞돌려 얼굴 부위를 타격한다. **우수전골 상단방어, 좌내족앞돌려, 협거혈**

❼ 좌족 원위치하고 우원족으로 후방 회음 부위를 올려차고 동시에 우족을 후방으로 내려딛으며 우외수로 목 부위를 타격한다. **우원족올려차고, 우외수, 회음혈, 수돌혈**

❽ 우족을 좌방으로 옮겨 딛으며 좌원족으로 좌방 회음 부위를 올려차고 동시에 좌족 좌방으로 내려딛으며 좌외수로 목 부위를 타격한다. **좌원족올려차고, 좌외수, 회음혈, 수돌혈**

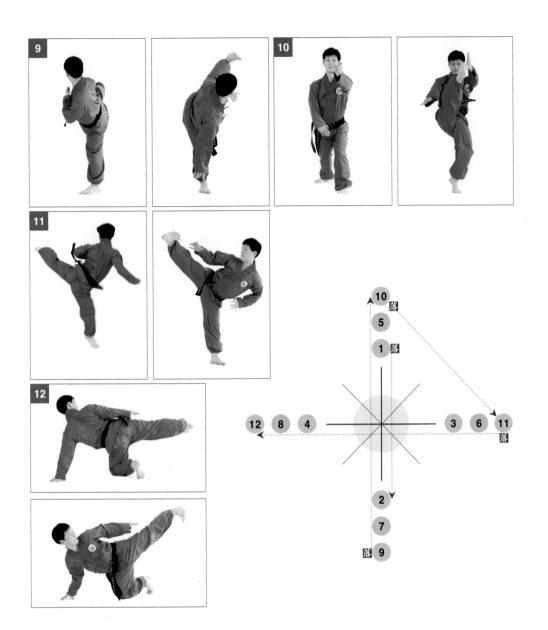

❾ 좌족 후방으로 옮겨 딛으며 몸을 우향으로 틀어 우외족으로 후방 가슴 부위를 타격하고 동시에 좌외족 뒤돌려 면상 부위를 타격한다. **우외족, 좌외족뒤돌려, 전중혈, 인중혈**

❿ 좌족 전방으로 내려딛으며 좌측 어깨 부위를 땅에 대고 몸을 굴러 반동으로 일어나며 좌장관으로 목 부위를 타격하고 동시에 우내족 앞돌려 얼굴 부위를 타격한다. **좌장관, 우내족앞돌려, 수돌혈, 협거혈**

⓫ 우향으로 몸 틀어 우족 내려딛으며 우측 어깨 부위를 땅에 대고 몸을 구르며 우족 반동으로 일어나며 뛰어 좌외족으로 가슴 부위를 타격하고 동시에 우외족 뒤돌려 면상 부위를 타격한다. **굴러뛰어좌외족, 우외족뒤돌려, 전중혈, 인중혈**

⓬ 좌방으로 우족 내려딛으며 우측 어깨 부위를 땅에 대고 몸을 구르며 좌수, 좌족 땅 짚고 우외족 무릎 부위를 타격하고 동시에 누운 채로 몸 틀어 우수, 우족 땅 짚고 좌외족으로 옆구리 부위를 타격한다. **굴러우외족, 누운채좌외족, 독비혈, 장문혈** ◉ 몸을 굴러 원위치 일어서며 준비자세

❶ 준비자세에서 돌단자리 숨쉬기를 하며 뛰어 양족으로 좌전방을 차되 우합족으로 복부 부위를 타격하고 동시에 좌긍족으로 턱 부위를 타격한다. **뛰며우합족동시에좌긍족, 중완혈, 구미혈**

❷ 좌족 내려딛으며 동시에 우하방으로 몸 틀며 좌족 나가며 좌측 어깨 부위 땅에 대고 몸 구르며 누워 우수, 우족 땅 짚고 무릎 세워 좌외족으로 회음 부위를 타격하고 몸 바꾸며 좌수, 좌족 땅 짚고 우긍족으로 옆구리 부위를 타격한다. **누워좌외족, 몸바꾸며우긍족, 회음혈, 경문혈**

❸ 우족 내려딛으며 좌후방으로 좌측 어깨 부위 땅에 대고 다시 몸 굴러 앉으며 좌수전골로 상단 방어하고 일어나 뛰어 우압족으로 면상 부위를 타격한다. **앉으며좌수전골상단방어, 일어나뛰어우압족, 인중혈**

❹ 우족 원위치 내려딛으며 좌향으로 몸 틀고 좌족 우전방으로 옮기며 좌수전골로 상단 방어하고 우족 우전방으로 나가며 우수부로 목 부위를 찌른다. **좌수전골상단방어, 우수부, 수돌혈**

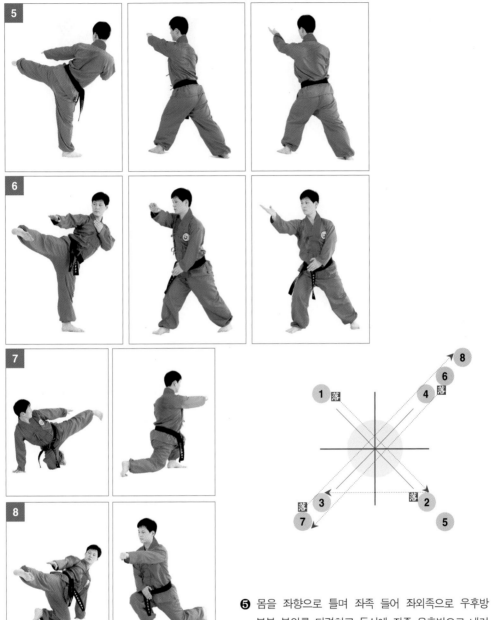

259

기
화
법

❺ 몸을 좌향으로 틀며 좌족 들어 좌외족으로 우후방 복부 부위를 타격하고 동시에 좌족 우후방으로 내려 딛으며 좌외수로 목을 거듭(좌우) 타격한다. **좌외족, 거듭좌외수, 중완혈, 부돌혈**

❻ 몸을 우향으로 틀며 우족 들어 우외족으로 우전방 복부 부위를 타격하고 동시에 우외수로 목 부위를 거듭(좌우) 타격한다. **우외족, 거듭우외수, 중완혈, 부돌혈**

❼ 좌후방으로 좌측 어깨 부위 땅에 대고 몸 굴러 우수, 우족 땅 짚고 좌외족으로 회음 부위를 타격하고 앉으며 동시에 우정관으로 명치 부위를 타격한다. **구르며좌외족, 앉으며우정관, 회음혈, 구미혈**

❽ 전방으로 우측 어깨 부위 땅에 대고 몸 굴러 좌수, 좌족 땅 짚고 우외족으로 회음 부위를 타격하고 앉으며 동시에 좌정관으로 명치 부위를 타격한다. **구르며우외족, 앉으며좌정관, 회음혈, 구미혈**

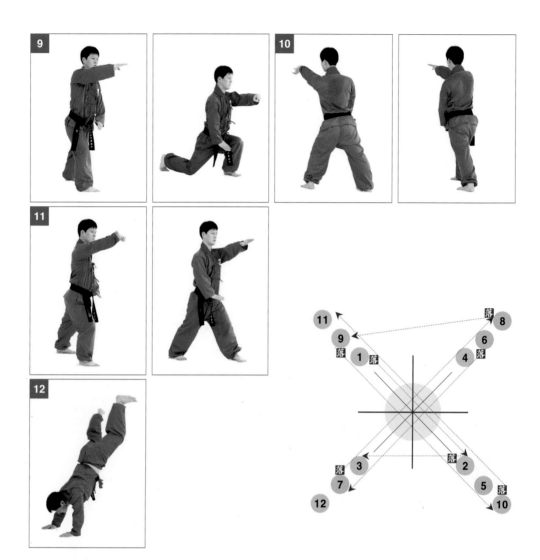

⑨ 좌전방으로 좌측 어깨 부위 땅에 대고 굴러 일어서며 우외수로 목 부위 타격하고 앉으며 동시에 좌족 나가며 좌정관으로 복부 부위를 타격한다. **구르며일어나우외수, 앉으며좌정관, 수돌혈, 중완혈**

⑩ 우향으로 몸 틀며 우하방 우수 먼저 땅 짚고 회전하여 좌족 나가며 좌장골로 턱 부위를 타격하고 우향으로 몸 틀어 돌아 우족 우하방에 내려놓으며 우외수로 목 부위를 타격한다. **좌장골, 우외수, 염천혈, 수돌혈**

⑪ 좌향으로 몸 틀어 좌전방 좌수 먼저 땅을 짚고 회전하여 우족 나가며 우장골로 턱 부위를 타격하고 동시에 좌향으로 몸 틀어 돌아 좌족 전방으로 내놓으며 좌외수로 목 부위를 타격한다. **우장골, 좌외수, 염천혈, 수돌혈**

⑫ 후락後落으로 뛰어 넘어 양발로 목을 걸어 틀어 당겨 타격한다.

◉ 뛰며 원위치하고 준비자세

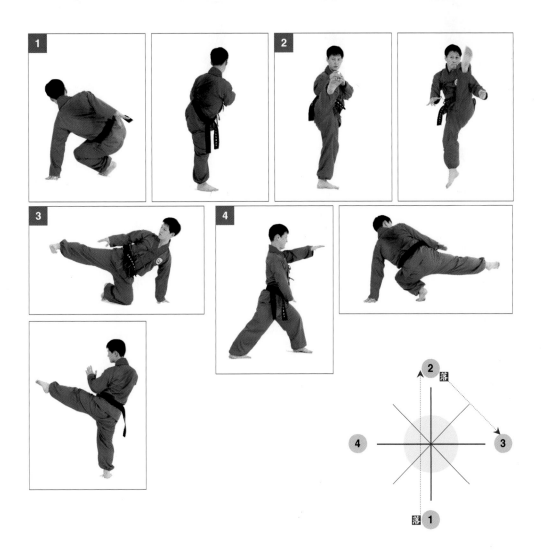

❶ 준비자세에서 돌단자리 숨쉬기를 하며 갑자기 몸을 낮춰 좌족 무릎 굽히고 좌수 땅 짚고 몸을 좌향으로 틀며 돌아 후방으로 우족판 발 걸어 치고 일어서며 동시에 좌금족 앞돌려 옆구리를 타격한다. **땅짚고우족판발걸어치고, 좌금족, 양교혈, 장문혈**

❷ 좌족 전방으로 내려딛으며 좌수 먼저 땅 짚고 회전하여 몸을 좌향으로 틀며 우합족으로 전방 복부 부위를 타격하고 동시에 뛰며 좌금족으로 면상 부위를 타격한다. **우합족, 뛰며좌금족, 중완혈, 승장혈**

❸ 좌족 내려딛으며 우방으로 우측 어깨 부위를 땅에 대고 몸 굴러 누워 좌수, 족 땅 짚고 우외족으로 회음 부위를 타격하고 일어서며 동시에 좌합족으로 복부 부위를 타격한다. **누워우외족, 좌합족, 회음혈, 중완혈**

❹ 좌족 좌방으로 다시 내려딛으며 몸 좌향으로 틀어 돌며 좌외수로 좌방 목 부위를 타격하고 좌수 땅 짚고 좌향으로 몸 틀어 돌며 우족판으로 좌방 하체 부위를 타격한다. **좌외수, 땅짚고우족판, 인영혈, 양교혈**

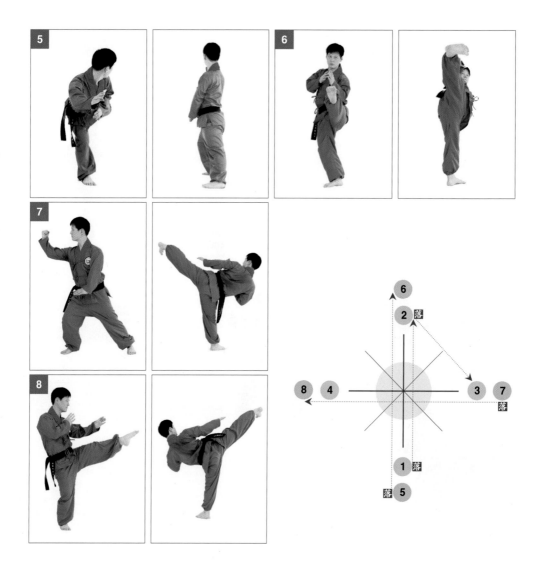

국선도 무예 교본

❺ 우족 원위치로 돌아 일어서며(앞을 향한다) 동시에 좌원족으로 후방 회음 부위를 차고 좌족 내려딛고
우향으로 몸 틀며 우족 후방으로 나가며 우합관으로 면상 부위를 타격한다. **좌원족, 우합관, 회음혈,
인중혈**

❻ 좌향으로 몸 틀어 우족 전방으로 나가며 우수 먼저 땅 짚고 몸 뛰어 회전하고 일어서며 좌합족으로
복부 부위를 타격하고 동시에 우외족 뒤돌려 면상 부위를 타격한다. **좌합족, 우외족뒤돌려, 중완혈,
하관혈**

❼ 우족 우방 내려딛으며 우합관으로 면상 부위를 타격하고 동시에 좌외족 뒤돌려 면상 부위를 타격한다.
우합관, 좌외족뒤돌려, 인중혈, 하관혈

❽ 좌족 좌방으로 내려딛으며 좌수 먼저 땅 짚고 몸 뛰어 회전하고 일어서며 좌합족으로 면상 부위를 타격
하고 동시에 우외족 뒤돌려 면상 부위를 타격한다. **좌합족, 우외족뒤돌려, 인중혈, 객주인혈**

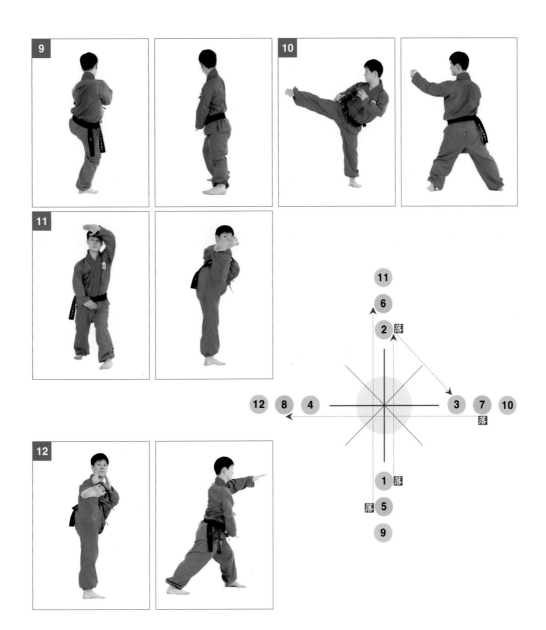

❾ 우족 멀리 뻗어 후방으로 내려딛으며 좌합족으로 복부 타격하고 좌족 내려딛으며 동시에 우족 나가며 후방으로 우전관 후려 올려 턱 부위를 타격한다. **좌합족, 우전관, 중완혈, 염천혈**

❿ 우방으로 우원족 뒤돌려 옆구리 부위를 타격하고 우족 우방으로 내려딛으며 동시에 좌족 나가며 좌전관 후려 올려 턱 부위를 타격한다. **우원족뒤돌려, 좌전관, 경문혈, 염천혈**

⓫ 좌족 전방으로 옮겨 딛으며 좌수전골로 상단 방어하고 동시 우긍족 앞돌려 옆구리 부위를 타격한다. **좌수전골상단방어, 우긍족앞돌려, 장문혈**

⓬ 우족 원위치 내리며 좌외족으로 좌방 복부 부위를 타격하고 동시에 좌족 좌방으로 내려딛으며 좌외수로 면상 부위를 타격한다. **좌외족, 좌외수, 중완혈, 인중혈**

◉ 좌족 원위치하며 준비자세

차. 약상법躍上法

약상법은 계세繼勢 12동작, 승세承勢 12동작, 법세法勢 12동작으로 이루어져 있다. 돌단자리 숨쉬기를 하면서 한 동작 한 동작 펼치며 서서히 몸에 익혀 숙달해나가고 동시에 몸 전체에 기를 유기하는 것이 중요하다.

약 · 상 · 법 · 방 · 위 · 躍 · 上 · 法 · 方 · 位

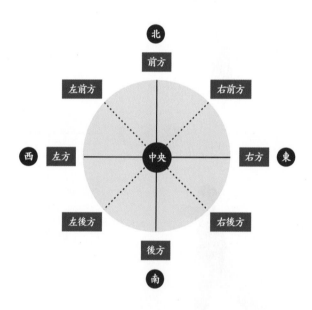

약 · 상 · 법 · 躍 · 上 · 法
계세繼勢
승세承勢
법세法勢

❶ 준비자세에서 돌단자리 숨쉬기를 하며 좌족 전방으로 1보 나가며 좌수전골로 상단 방어하고 동시에 우정관으로 면상 부위를 타격한다. **좌수전골상단방어, 우정관, 인중혈**

❷ 우족을 우방으로 옮겨 딛으며 우수전골로 상단 방어하고 동시에 좌정관으로 면상 부위를 타격한다. **우수전골상단방어, 좌정관, 인중혈**

❸ 좌외족으로 좌방 복부 부위를 타격하고 좌족 내려딛으며 동시에 좌외수로 면상 부위를 타격한다. **좌외족, 좌외수, 중완혈, 인중혈**

❹ 우외족으로 후방 복부 부위를 타격하고 우족 내려딛으며 동시에 우외수로 면상 부위를 타격한다. **우외족, 우외수, 중완혈, 인중혈**

❺ 좌향으로 몸 틀어 좌족을 좌후방으로 옮겨 딛으며 좌관골로 가슴 부위를 타격하고 동시에 좌하골로
   면상 부위를 타격한다. **좌관골, 좌하골, 전중혈, 인중혈**

❻ 우외족으로 우전방 복부 부위를 타격하고 우족 내려놓으며 동시에 우합관으로 면상 부위를 타격한다.
   우외족, 우합관, 중완혈, 인중혈

❼ 좌원족으로 우후방 회음 부위를 타격하고 좌족 내려놓으며 동시에 좌외수를 돌려 면상 부위를 타격한다.
   좌원족, 좌외수, 회음혈, 인중혈

❽ 우원족으로 좌전방 회음 부위를 타격하고 우족 내려놓으며 동시에 우외수를 돌려 면상 부위를 타격한다.
   우원족, 우외수, 회음혈, 인중혈

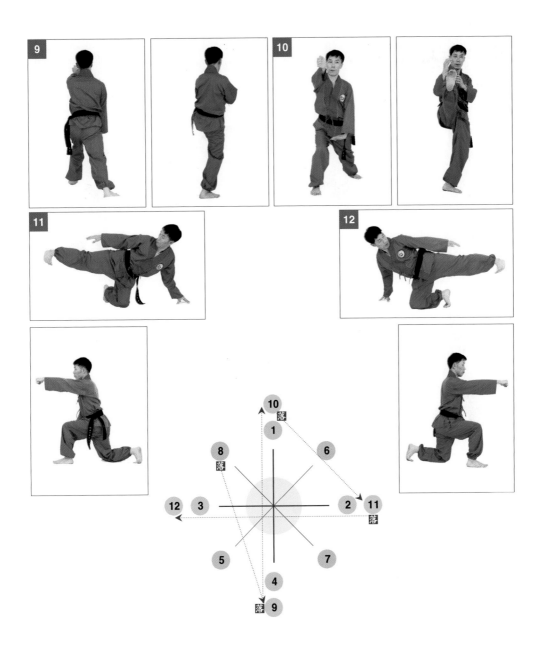

⑨ 후방으로 좌수 먼저 땅 짚고 회전하여 좌족 나가며 좌장골로 면상 타격하고 동시에 좌족 들어 좌합족으로 명치 부위를 타격한다. **좌장골, 좌합족, 인중혈, 구미혈**

⑩ 전방으로 우수 먼저 땅 짚고 회전하여 우족 나가며 우장골로 면상 타격하고 동시에 우족 들어 우합족으로 명치 부위를 타격한다. **우장골, 우합족, 인중혈, 구미혈**

⑪ 우방으로 우측 어깨 부위를 땅에 대고 몸 굴러 누워 좌수, 좌족 땅 짚고 우외족 회음 부위를 타격하고 동시에 앉으며 좌족 나가며 좌정관으로 복부 부위를 타격한다. **누워우외족, 앉으며좌정관, 회음혈, 중완혈**

⑫ 다시 좌방으로 좌측 어깨 부위 땅에 대고 몸 굴러 누워 우수, 우족 땅 짚고 좌외족으로 회음 부위를 타격하고 동시에 우족 나가 앉으며 우정관으로 복부 부위를 타격한다. **누워좌외족, 앉으며우정관, 회음혈, 중완혈**

◉ 발 옮겨 일어서며 준비자세

❶ 준비자세에서 돌단자리 숨쉬기를 하며 우원족으로 후방 회음 부위를 타격하고 우족 후방으로 내려딛으며 동시에 우전관으로 목 부위를 후려 올려 타격한다. **우원족, 우전관, 회음혈, 천용혈**

❷ 좌외족으로 전방 가슴 부위를 타격하고 좌족 내려딛으며 동시에 우정관으로 면상 부위를 타격한다. **좌외족, 우정관, 전중혈, 인중혈**

❸ 우향으로 몸 틀며 좌족 우방으로 옮겨 딛으며 앉아 좌정관으로 복부 부위를 타격하고 동시에 일어서며 우장관으로 목 부위를 타격한다. **앉아좌정관, 일어서며우장관, 중완혈, 수돌혈**

❹ 좌방으로 좌족 옮겨 딛으며 동시에 좌관골로 가슴 부위를 타격하고 동시에 우정관으로 면상 부위를 타격한다. **좌관골, 우정관, 전중혈, 인중혈**

❺ 우외족으로 우전방 가슴 부위를 타격하고 우족 내려딛으며 동시에 좌정관으로 면상 부위를 타격한다.
   우외족, 좌정관, 전중혈, 수구혈
❻ 우합족으로 좌전방 복부 부위를 타격하고 우족 내려딛으며 동시에 우합관으로 면상 부위를 타격한다.
   우합족, 우합관, 중완혈, 수구혈
❼ 좌향으로 몸 틀며 좌외족으로 우후방 복부 부위를 타격하고 좌족 내려딛으며 동시에 좌합관으로 면상
   부위를 타격한다. **좌외족, 좌합관, 중완혈, 수구혈**
❽ 우향으로 몸 틀며 좌전방으로 우수 먼저 땅 짚고 회전하여 동시에 좌족 나가며 좌장골로 면상 부위를
   타격하고 동시에 좌합족으로 복부 부위를 타격한다. **좌장골, 좌합족, 수구혈, 중완혈**

⑨ 좌향으로 몸 틀며 좌족 좌후방에 내려딛으며 우합족으로 복부 부위를 타격하고 우족 내려딛으며 동시에 우관지로 가슴 부위를 타격한다. **우합족, 우관지, 중완혈, 유중혈**

⑩ 좌향으로 몸 틀며 우전방으로 좌수 먼저 땅 짚고 회전하여 우족 나가며 우장골로 면상 타격하고 동시에 우합족으로 복부 부위를 타격한다. **우장골, 우합족, 인중혈, 중완혈**

⑪ 우향으로 몸 틀며 우족 우후방에 내려딛으며 동시에 좌외족으로 복부 부위를 타격하고 좌족 내려딛으며 동시에 우관지로 가슴 부위를 타격한다. **좌외족, 우관지, 중완혈, 유중혈**

⑫ 좌족 좌후방으로 옮겨 딛으며 우외족으로 복부 부위를 타격하고 우족을 좌족 뒤로 원위치 내려딛으며 동시에 좌관지로 면상을 타격한다. **우외족, 좌관지, 중완혈, 인중혈**

◉ 좌족 원위치하며 준비자세

❶ 준비자세에서 돌단자리 숨쉬기를 하며 몸 틀어 좌방으로 우압족 뒤돌려 옆구리를 타격하고 우족 내려딛으며 동시에 우장지로 귀밑을 타격한다. **우압족뒤돌려, 우장지, 경문혈, 예풍혈**

❷ 좌향으로 몸 틀며 좌외족으로 우방 가슴 부위를 타격하고 좌족 내려딛으며 동시에 우교관으로 눈 부위를 찌른다. **좌외족, 우교관, 전중혈, 정명혈**

❸ 후방으로 좌압족 뒤돌려 옆구리 부위를 타격하고 좌족 내려딛으며 동시에 우장관으로 목 부위를 타격한다. **좌압족뒤돌려, 우장관, 경문혈, 수돌혈, 천돌혈**

❹ 우향으로 몸 틀어 전방으로 돌려 뛰며 좌합족으로 복부 부위를 타격하고 동시에 우긍족으로 면상 부위를 타격한다. **돌려뛰며좌합족, 우긍족, 중완혈, 인중혈**

❺ 우족 우후방으로 내려딛으며 우전관 후려 올려 목 부위를 타격하고 동시에 좌합족으로 복부 부위를 타격한다. **우전관, 좌합족, 부돌혈, 중완혈**

❻ 좌족 내려딛고 우원족으로 좌전방 회음 부위를 타격하고 우향으로 몸 틀며 우외수로 좌전방 목 부위를 타격한다. **우원족, 우외수, 회음혈, 천용혈**

❼ 좌향으로 몸 틀며 좌원족으로 우전방 회음 부위를 타격하고 동시 좌향으로 몸 틀며 좌전관 목 부위를 후려 올려 타격한다. **좌원족, 좌전관, 회음혈, 부돌혈**

❽ 우향으로 몸 틀며 우합족으로 좌후방 복부 부위를 타격하고 동시에 뛰며 좌긍족으로 면상을 타격한다. **우합족, 뛰며좌긍족, 중완혈, 인중혈**

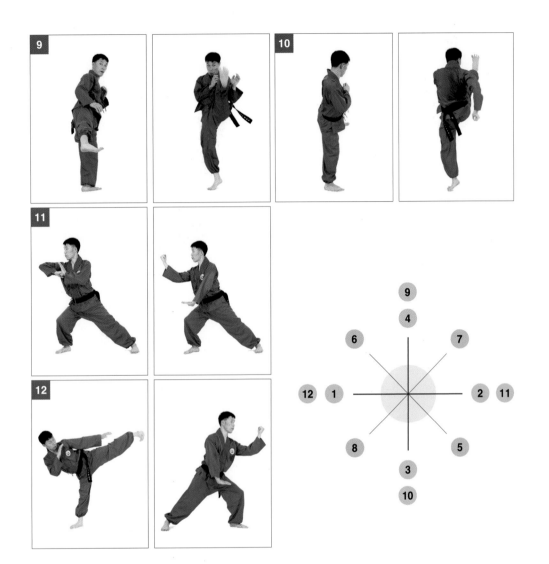

❾ 좌족 내려딛으며 우족 들어 우외족으로 전방 하체 부위를 타격하고 동시에 뛰며 좌긍족으로 면상
   부위를 타격한다. **우외족, 뛰며좌긍족, 독비혈, 인중혈**

❿ 좌족 내려딛으며 우족 후방으로 옮겨 좌외족으로 후방 하체 부위를 타격하고 동시에 뛰며 우긍족으로
   면상 부위를 타격한다. **좌외족, 뛰며우긍족, 독비혈, 인중혈**

⓫ 우족 우방으로 옮겨 내려딛으며 우관골로 가슴 부위를 타격하고 동시에 우하골로 면상 부위를 타격한다.
   우관골, 우하골, 전중혈, 인중혈

⓬ 좌족 들어 좌외족으로 좌방 가슴 부위를 타격하고 동시에 좌하골로 면상 부위를 타격한다. **좌외족,
   좌하골, 전중혈, 인중혈**

◉ 좌족 원위치하며 준비자세

카. 약천법躍天法

   약천법은 건세乾勢 12동작, 곤세坤勢 12동작, 청세晴勢 12동작으로 이루어져 있다. 돌단자리 숨쉬기를 하면서 한 동작 한 동작 펼치며 서서히 몸에 익혀 숙달해나가고 동시에 몸 전체에 기를 유기하는 것이 중요하다.

약·천·법·방·위·躍·天·法·方·位

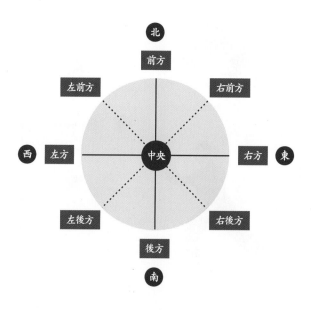

약·천·법·躍·天·法

건세乾勢
곤세坤勢
청세晴勢

건 · 세 · 乾 · 勢

❶ 준비자세에서 돌단자리 숨쉬기를 하며 좌원족으로 후방 회음 부위를 타격하고 좌족 내려딛으며 좌하골로 면상 부위를 타격한다. **좌원족, 좌하골, 회음혈, 인중혈**

❷ 우향으로 몸 틀어 돌려 우수 땅 짚고 우족 무릎 꿇고 앉으며 좌족판으로 발 앞돌려 하족 발 걸어 당기고 동시에 우수 밀어주며 앉은 채 좌외수로 복부 타격한다. **땅짚고앉으며좌족판, 좌외수, 양교혈, 중완혈**

❸ 일어서며 우족을 좌방으로 옮겨놓으며 우전관으로 후려 올려 목 부위를 타격하고 동시에 좌합족 앞돌려 복부 부위를 타격한다. **우전관, 좌합족앞돌려, 수돌혈, 중완혈**

❹ 좌향으로 몸 틀며 좌족 우방으로 내려딛으며 좌합관으로 면상 부위를 타격하고 동시에 우합족 앞돌려 복부 부위를 타격한다. **좌합관, 우합족앞돌려, 인중혈, 중완혈**

275

기화법

❺ 우족 좌후방으로 내려딛으며 우전관으로 목 부위를 타격하고 동시에 좌내족 앞돌려 면상 부위를 타격한다.
우전관, 좌내족앞돌려, 수돌혈, 객주인혈

❻ 좌향으로 몸 틀며 돌아 좌족 우전방으로 내려딛으며 우내족 앞돌려 면상 부위를 타격하고 우족 내려
딛으며 동시에 좌장관으로 목 부위를 타격한다. **우내족앞돌려, 좌장관, 객주인혈, 수돌혈**

❼ 우외족으로 우후방 가슴 부위를 타격하고 우족 우후방으로 내려딛으며 동시에 우전관으로 턱 후려 올려
타격한다. **우외족, 우전관, 전중혈, 염천혈**

❽ 좌외족으로 좌전방 가슴 부위를 타격하고 좌족 좌전방에 내려딛으며 동시에 좌전관으로 턱 후려 올려
타격한다. **좌외족, 좌전관, 전중혈, 염천혈**

❾ 우수 땅 짚으며 좌외족으로 전방 면상 부위를 타격하고 일어서며 동시에 우관지로 가슴 부위를 타격한다.
   좌외족, 우관지, 인중혈, 유중혈
❿ 우수 땅 짚으며 좌외족으로 좌방 면상 부위를 타격하고 일어서며 동시에 우전관으로 앞 후려 올려
   턱을 타격한다. **좌외족, 우전관, 인중혈, 염천혈**
⓫ 좌수 땅 짚으며 우외족으로 우방 면상 부위를 타격하고 일어서며 좌관지로 가슴 부위를 타격한다.
   우외족, 좌관지, 인중혈, 유중혈
⓬ 우족 내려딛으며 좌원족으로 후방 회음 부위를 타격하고 좌족 후방에 내려딛으며 동시에 좌외수로
   목 부위를 타격한다. **좌원족, 좌외수, 회음혈, 수돌혈**
◉ 좌족 원위치하며 준비자세

❶ 준비자세에서 돌단자리 숨쉬기를 하며 우원족으로 후방 회음 부위를 타격하고 우족 후방에 내리며 우하골로 면상 부위를 타격한다. **우원족, 우하골, 회음혈, 인중혈**

❷ 좌향으로 몸 틀어 돌아 좌수 땅 짚고 좌족 무릎 꿇고 앉으며 우족판 앞돌려 하족下足 발 걸어 당기고 동시에 좌수 밀어주며 앉은 채 우외수로 복부를 타격한다. **땅짚고앉으며우족판, 우외수, 양교혈, 중완혈**

❸ 일어서며 좌족 우방으로 옮겨놓으며 좌정관으로 면상 부위를 타격하고 동시에 우합족으로 복부 부위를 타격한다. **좌정관, 우합족, 인중혈, 중완혈**

❹ 우족 우향으로 틀어 뒤로 돌아 좌방에 내리며 우장지로 귀밑 목 부위를 타격하고 동시에 좌합족으로 턱 부위를 타격한다. **우장지, 좌합족, 예풍혈, 염천혈**

❺ 좌족 우전방에 내리며 우내족 앞돌려 면상 부위를 타격하고 우족 내려딛으며 동시에 좌장골로 면상 부위를 타격한다. **우내족앞돌려, 좌장골, 협거혈, 인중혈**

❻ 좌외족으로 좌후방 복부 부위를 타격하고 동시에 우합족 앞돌려 옆구리를 타격한다. **좌외족, 우합족 앞돌려, 중완혈, 경문혈**

❼ 우족 우후방에 내려딛으며 우하골로 면상 부위를 타격하고 동시에 좌내족 앞돌려 면상 부위를 타격한다. **우하골, 좌내족앞돌려, 인중혈, 협거혈**

❽ 좌족 좌전방에 내려딛으며 우외족으로 가슴 부위를 타격하고 동시에 좌압족 뒤돌려 옆구리 부위를 타격한다. **우외족, 좌압족뒤돌려, 전중혈, 경문혈**

❾ 좌족 내려딛으며 우하방으로 좌수 먼저 땅 짚고 회전하여 좌내족으로 면상 부위를 타격하고 동시에 몸 틀며 우광족으로 가슴 부위를 타격한다. **좌내족, 우광족, 하관혈, 전중혈**

❿ 우족 우전방으로 내려딛으며 우측 어깨 땅에 대고 굴러 누워 좌수, 좌족 땅 짚고 우소족골로 복부 부위를 타격하고 일어서며 동시에 좌관지로 가슴 부위를 타격한다. **누워우소족골, 좌관지, 중완혈, 유중혈**

⓫ 우수 먼저 땅 짚고 좌후방으로 회전하며 우내족으로 면상 부위를 타격하고 동시에 몸 틀며 좌광족으로 가슴 부위를 타격한다. **우내족, 좌광족, 하관혈, 전중혈**

⓬ 좌족 좌전방으로 내려딛으며 좌측 어깨 땅에 대고 굴러 누워 우수, 우족 땅 짚고 좌소족골로 복부를 타격하고 일어서며 동시에 우관지로 가슴 부위를 타격한다. **누워좌소족골, 우관지, 중완혈, 유중혈**

◉ 좌족 원위치하며 준비자세

❶ 준비자세에서 돌단자리 숨쉬기를 하며 좌방으로 상체만 틀어 우천골로 면상을 타격하고 동시에 좌장관으로 목 부위를 타격한다. **우천골, 좌장관, 객주인혈, 수돌혈, 천돌혈**

❷ 우방으로 상체만 틀며 우합관으로 면상 부위를 타격하고 동시에 좌합족으로 복부 부위를 타격한다. **우합관, 좌합족, 인중혈, 중완혈**

❸ 좌족 전방에 내려딛으며 쌍관지로 가슴 부위를 타격하고 동시에 우합족으로 복부 부위를 타격한다. **쌍관지, 우합족, 유중혈, 중완혈**

❹ 우족 후방에 내려딛으며 우하골로 면상 부위를 타격하고 동시에 우외족으로 가슴 부위를 타격한다. **우하골, 우외족, 인중혈, 전중혈**

국선도 무예 교본

❺ 우족 좌후방에 내리며 상체를 좌향으로 틀었다가 좌천골로 면상 부위를 타격하고 우장관으로 목 부위를 타격한다. **좌천골, 우장관, 객주인혈, 수돌혈, 천돌혈**

❻ 좌외족으로 우전방 가슴 부위를 타격하고 동시에 우압족으로 어깨 부위를 위에서 아래로 타격한다. **좌외족, 우압족, 전중혈, 기사혈**

❼ 우족 좌전방에 옮겨 딛으며 우천골로 얼굴 뺨을 타격하고 동시에 좌합족 앞돌려 옆구리 부위를 타격한다. **우천돌, 좌합족앞돌려, 객주인혈, 장문혈**

❽ 좌족 우후방에 내려딛으며 좌하골로 면상 부위를 타격하고 동시에 우합족 앞돌려 옆구리 부위를 타격한다. **좌하골, 우합족앞돌려, 인중혈, 경문혈**

⑨ 좌방으로 우수 먼저 땅 짚고 회전하여 일어서며 좌장골로 턱 부위를 타격하고 동시에 우천골로 면상
  부위를 타격한다. **좌장골, 우천골, 염천혈, 객주인혈**

⑩ 후방으로 좌수 먼저 땅 짚고 회전하여 일어서며 우장골로 턱 부위를 타격하고 동시에 좌천골로 면상
  부위를 타격한다. **우장골, 좌천골, 염천혈, 객주인혈**

⑪ 전방으로 우수 먼저 땅 짚고 회전하여 갑자기 자세 낮추며 좌수 땅 짚고 우외족으로 복부 부위를
  타격하고 일어서며 동시에 좌수장으로 면상 부위를 타격한다. **우외족, 좌수장, 중완혈, 인중혈**

⑫ 좌족 원위치하며 우외족으로 우방 복부 부위를 타격하고 우족 내려딛으며 동시에 좌원족 뒤돌려
  옆구리를 타격한다. **우외족, 좌원족뒤돌려, 중완혈, 경문혈**

◉ 좌족 원위치하며 준비자세

타. 결단법結丹法

결단법은 특세特勢 12동작, 황세黃勢 12동작, 금세金勢 12동작으로 이루어져 있다. 돌단자리 숨쉬기를 하면서 한 동작 한 동작 펼치며 서서히 몸에 익혀 숙달해나가고 동시에 몸 전체에 기를 유기하는 것이 중요하다.

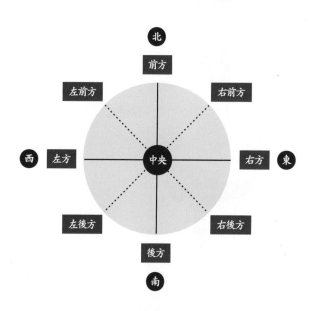

결·단·법·방·위·結·丹·法·方·位

결·단·법·結·丹·法
특세特勢
황세黃勢
금세金勢

❶ 준비자세에서 돌단자리 숨쉬기를 하며 우족 우방으로 옮겨 딛으며 우관골로 올려 턱 부위를 타격하고 동시에 우하골로 면상을 타격한다. **우관골, 우하골, 염천혈, 인중혈**

❷ 좌족 후방으로 옮겨 딛으며 좌외수로 목 부위를 타격하고 상체 틀며 동시에 우원관으로 면상을 타격한다. **좌외수, 우원관, 수돌혈, 객주인혈**

❸ 우외족으로 전방 가슴 부위를 타격하고 동시에 우족 내리면서 그 반동으로 좌원관으로 면상 부위를 타격한다. **우외족, 좌원관, 전중혈, 객주인혈**

❹ 좌소족골로 좌방 명치 부위를 타격하고 동시에 우수장으로 얼굴 부위를 타격한다. **좌소족골, 우수장, 구미혈, 인중혈**

국
선
도
무
예
교
본

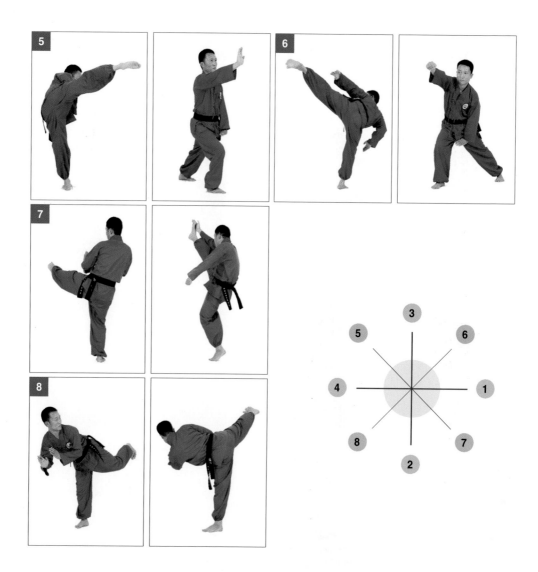

❺ 우소족골로 우방 면상 부위를 돌려차고 우족 내려딛으며 동시에 좌수장으로 얼굴 부위를 타격한다.
우소족골, 좌수장, 객주인혈, 인중혈

❻ 좌압족 뒤돌려 우전방 옆구리 부위를 타격하고 좌족 내려딛으며 동시에 우향으로 몸 틀었다가 반동을
이용해 우천골로 면상 부위를 타격한다. **좌압족뒤돌려, 우천골, 경문혈, 협거혈**

❼ 우향으로 몸 틀어 좌합족으로 우후방 복부 부위를 타격하고 좌족 내리며 동시에 우외족 앞돌려 면상
부위를 타격한다. **좌합족, 우외족앞돌려, 중완혈, 협거혈**

❽ 우족 좌후방으로 내려딛으며 동시에 좌원족으로 회음 부위를 타격하고 좌향으로 몸 틀며 우긍족 앞돌려
면상 부위를 타격한다. **좌원족, 우긍족앞돌려, 회음혈, 객주인혈**

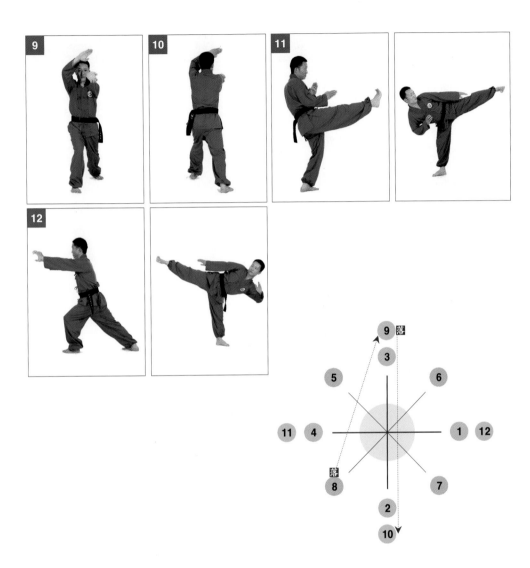

❾ 전방으로 우수 먼저 땅 짚고 회전하여 일어서며 우수전골로 상단 방어하고 동시에 좌장골로 턱 부위를 타격한다. **우수전골상단방어, 좌장골, 염천혈**

❿ 후방으로 좌수 먼저 땅 짚고 회전하여 일어서며 좌수전골로 상단 방어하고 동시에 우장골로 턱 부위를 타격한다. **좌수전골상단방어, 우장골, 염천혈**

⓫ 좌방으로 몸 틀며 우합족으로 복부 부위를 타격하고 우족 내려딛으며 동시에 좌원족 뒤돌려 옆구리 부위를 타격한다. **우합족, 좌원족, 중완혈, 경문혈**

⓬ 좌족 우방으로 내려딛으며 쌍관지로 가슴 부위를 타격하고 동시에 우원족 뒤돌려 옆구리 부위를 타격한다. **쌍관지, 우원족뒤돌려, 유중혈, 천지혈, 장문혈**

◉ 우족 원위치하며 준비자세

❶ 준비자세에서 돌단자리 숨쉬기를 하며 좌족 좌방으로 옮겨 딛으며 좌관골 올려 턱 부위를 타격하고 동시에 좌하골로 면상 부위를 타격한다. **좌관골, 좌하골, 염천혈, 인중혈**

❷ 우외족으로 전방 가슴 부위를 타격하고 우족 내려딛으며 동시에 좌수부로 목 부위를 찌른다. **우외족, 좌수부, 전중혈, 천돌혈**

❸ 우족 후방으로 옮겨 딛으며 우전관 후려 올려 목 부위를 타격하며 동시에 좌합족으로 복부 부위를 타격한다. **우전관, 좌합족, 천용혈, 중완혈**

❹ 좌족 우방으로 내려딛으며 쌍관지로 가슴 부위를 타격하며 동시에 우합족으로 복부 부위를 타격한다. **쌍관지, 우합족, 천지혈, 유중혈, 중완혈**

❺ 우족 내려딛으며 우수 땅 짚고 좌외족으로 우후방 복부 부위를 타격하고 좌족 원위치 일어서며 우내수 앞으로 쳐올려 턱 부위를 타격한다. **좌외족, 우내수, 중완혈, 염천혈**

❻ 좌원족(후향)으로 좌전방 회음 부위를 타격하고 좌족 좌전방에 내리며 몸 틀어 쌍수장으로 얼굴(뺨) 부위를 좌우 동시에 타격한다. **좌원족, 쌍수장, 회음혈, 하관혈**

❼ 우원족으로 좌후방 회음 부위를 타격하고 우족 좌후방에 내려딛으며 몸 틀어 쌍수장으로 얼굴(뺨) 부위를 좌우 동시에 타격한다. **우원족, 쌍수장, 회음혈, 하관혈**

❽ 좌소족골로 우전방 명치 부위를 타격하고 좌족 내려딛으며 동시에 우수부로 목 부위를 찌른다. **좌소족골, 우수부, 구미혈, 천돌혈**

❾ 우향 몸 틀어 뒤로 돌며 좌전방으로 우족 옮겨 나가며 우외수로 면상 부위를 타격하고 동시에 좌수부로 목 부위를 찌른다. **우외수, 좌수부, 하관혈, 인영혈**

❿ 좌외족으로 우후방 복부 부위를 타격하고 좌족 내려딛으며 동시에 우수부로 목 부위를 찌른다. **좌외족, 우수부, 중완혈, 인영혈**

⓫ 좌족 좌후방으로 옮겨 딛으며 우합족으로 앞차며 명치 부위를 타격하고 우족 내려딛으며 동시에 좌압족 뒤돌려 옆구리 부위를 타격한다. **우합족, 좌압족뒤돌려, 구미혈, 장문혈**

⓬ 좌족 내려놓으며 우전방으로 몸 틀어 돌아 우합족으로 앞차며 명치 부위를 타격하고 우족 내려딛으며 동시에 쌍원관으로 얼굴(뺨) 부위를 좌우 동시에 타격한다. **우합족, 쌍원관, 구미혈, 하관혈, 객주인혈**

◉ 우족 원위치하며 준비자세

금 · 세 · 金 · 勢

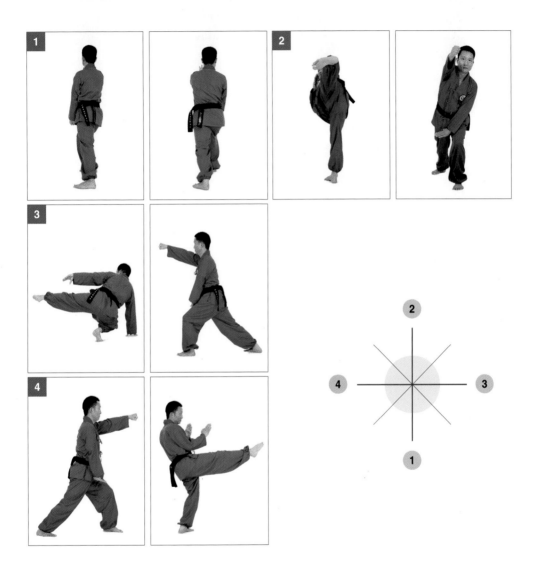

291

기
화
법

❶ 준비자세에서 돌단자리 숨쉬기를 하며 우족 후방에 옮겨 딛으며 우전관으로 턱 부위를 타격하고 동시에 좌관지로 가슴 부위를 타격한다. **우전관, 좌관지, 염천혈, 유중혈**

❷ 좌외족으로 전방 가슴 부위를 타격하고 좌족 내려딛으며 동시에 우천골로 면상 부위를 타격한다. **좌외족, 우천골, 선기혈, 하관혈**

❸ 우수 땅 짚고 앉아 돌며 좌족판으로 우방 다리 걸며 타격하고 동시에 일어나며 우정관으로 면상 부위를 타격한다. **땅짚고앉아돌며좌족판, 우정관, 위중혈, 인중혈**

❹ 좌향으로 몸 틀며 좌타관으로 안에서 밖으로 좌방 면상 부위를 타격하고 동시에 우합족으로 복부 부위를 타격한다. **좌타관, 우합족, 하관혈, 객주인혈, 중완혈**

❺ 우향으로 몸 틀며 우족 우전방에 내려딛으며 우타관으로 안에서 밖으로 면상 부위를 타격하고 동시에 좌합족으로 복부 부위를 타격한다. **우타관, 좌합족, 하관혈, 중완혈**

❻ 좌향으로 몸 뒤로 틀며 좌족 우후방에 내려딛으며 좌타관으로 면상 부위를 안에서 밖으로 타격하고 동시에 우수부로 목을 찌른다. **좌타관, 우수부, 하관혈, 천돌혈**

❼ 우외족으로 좌전방 복부 부위를 타격하고 우족 내려딛으며 동시에 쌍수부로 목 부위를 찌른다. **우외족, 쌍수부, 중완혈, 인영혈, 수돌혈**

❽ 좌외족으로 좌후방 복부 부위를 타격하고 좌족 내려딛으며 동시에 쌍수부로 목 부위를 찌른다. **좌외족, 쌍수부, 중완혈, 인영혈, 수돌혈**

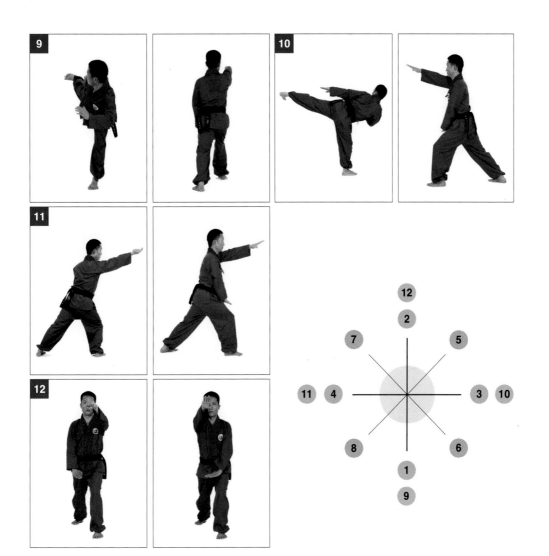

❾ 좌족 후방으로 옮겨 딛으며 우압족 뒤돌려 옆구리 부위를 타격하고 우족 후방에 내려 나가며 동시에 우타관으로 면상 부위를 타격한다. **우압족뒤돌려, 우타관, 경문혈, 하관혈**

❿ 좌외족으로 우방 가슴 부위를 타격하고 좌족 내려딛으며 동시에 우교관으로 눈을 찌른다. **좌외족, 우교관, 선기혈, 정명혈**

⓫ 우족 좌방으로 옮겨 딛으며 우전관 후려 올려 목 부위를 타격하고 동시에 좌수부로 목 부위를 찌른다. **우전관, 좌수부, 인영혈, 천돌혈**

⓬ 좌향으로 몸 틀며 좌타관으로 전방 면상 부위를 타격하고 동시에 우수부로 목 부위를 찌른다. **좌타관, 우수부, 하관혈, 천돌혈**

◉ 좌족 원위치하며 준비자세

파. 묘공법妙功法

　묘공법은 광세光勢 12동작, 운세運勢 12동작, 동세動勢 12동작으로 이루어져 있다. 돌단자리 숨쉬기를 하면서 한 동작 한 동작 펼치며 서서히 몸에 익혀 숙달해나가고 동시에 몸 전체에 기를 유기하는 것이 중요하다.

묘·공·법·방·위·妙·功·法·方·位

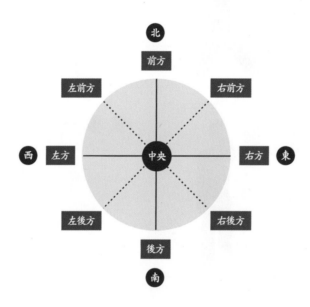

묘·공·법·妙·功·法
광세光勢
운세運勢
동세動勢

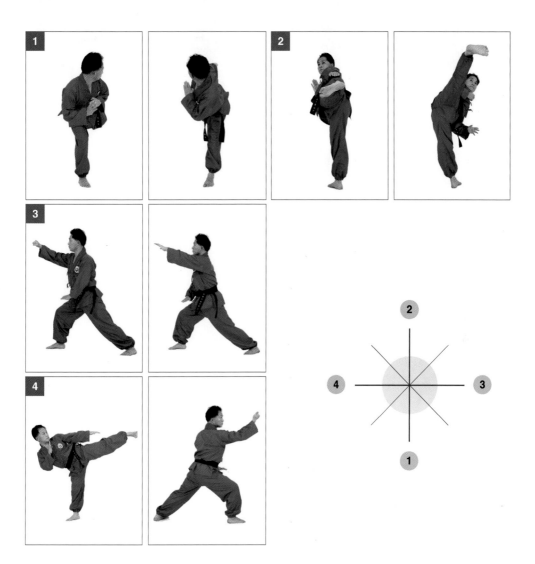

❶ 준비자세에서 돌단자리 숨쉬기를 하며 좌원족으로 후방 회음 부위를 타격하고 좌족 후방에 내리며 우향으로 몸 틀어 동시에 우외족으로 가슴 부위를 타격한다. **좌원족, 우외족, 회음혈, 선기혈**

❷ 우족 전방에 내려딛으며 동시에 좌외족으로 복부 부위를 타격하고 좌족 전방에 내려딛으며 동시에 우족관 앞돌려 면상을 타격한다. **좌외족, 우족관앞돌려, 중완혈, 하관혈**

❸ 우족 우방에 내려딛으며 동시에 우타관으로 면상 부위를 안에서 밖으로 타격하고 동시에 좌수부로 목을 찌른다. **우타관, 좌수부, 하관혈, 천돌혈**

❹ 좌외족으로 좌방 가슴 부위를 타격하고 좌족 내려딛으며 우향으로 틀어 뒤로 돌아 우족 옮겨 나가며 우장지로 귀밑을 찌른다. **좌외족, 우장지, 전중혈, 예풍혈**

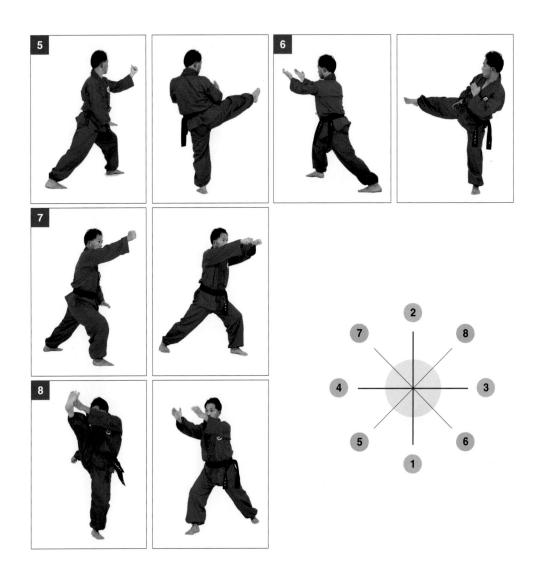

국선도 무예 교본

❺ 우족 좌후방으로 옮겨 내려딛으며 좌향으로 몸 틀어 뒤로 돌아 좌장지로 귀밑을 찌르며 동시에 우합족으로 복부 부위를 타격한다. **좌장지, 우합족, 예풍혈, 중완혈**

❻ 우족 우후방으로 나가며 쌍외수 각각 동시에 목 좌우를 타격하고 동시에 우소족골로 명치를 타격한다. **쌍외수, 우소족골, 인영혈, 수돌혈, 구미혈**

❼ 우족 좌전방에 내려딛으며 우천골로 면상 부위를 밖에서 안으로 타격하고 좌족 나가며 쌍명관으로 양눈을 찌른다. **우천골, 쌍명관, 객주인혈, 정명혈**

❽ 좌족 우전방으로 옮겨 딛으며 우내족 앞돌려 면상 부위를 타격하고 우족 우전방으로 내려딛으며 동시에 쌍수장으로 얼굴(뺨) 부위를 좌우 동시에 타격한다. **우내족앞돌려, 쌍수장, 하관혈, 객주인혈**

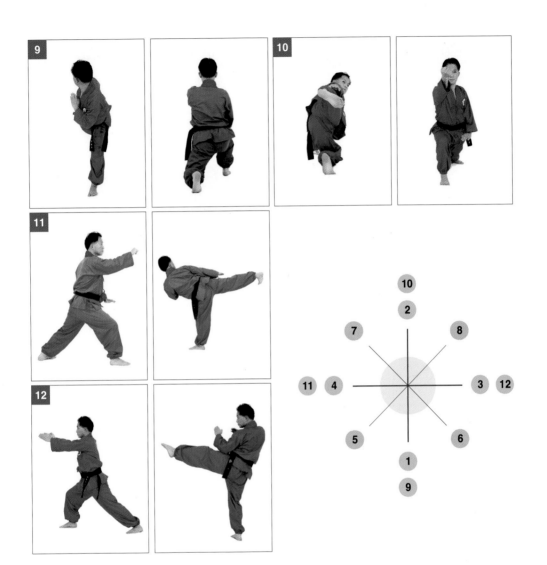

❾ 우향으로 몸 틀며 우외족으로 후방 복부 부위를 타격하고 우족 후방에 내려딛으며 후향 앉으며 동시에 좌중골로 명치를 타격한다. **우외족, 좌중골, 중완혈, 구미혈**

❿ 갑자기 좌수 땅 짚고 우외족으로 전방 복부 부위를 타격하고 일어서며 우족 전방으로 나가며 우전관 후려 올려 턱 부위를 타격한다. **우외족, 우전관, 중완혈, 염천혈**

⓫ 우향으로 몸 틀며 돌아 우족 좌방으로 옮겨 우타관으로 면상 부위를 안에서 밖으로 타격하고 좌족 좌방으로 옮기며 우족관 후려 뻗치며 명치를 타격한다. **우타관, 우족관, 하관혈, 구미혈**

⓬ 좌향으로 몸 틀어 뒤로 돌아 우족 우방으로 원위치 내려딛으며 동시에 쌍외수로 양 어깨 부위를 위에서 타격하고 동시에 좌합족으로 복부 부위를 타격한다. **쌍외수, 좌합족, 견정혈, 기사혈, 중완혈**

◉ 좌족 원위치하며 준비자세

❶ 준비자세에서 돌단자리 숨쉬기를 하며 좌족 좌방에 좌정보로 딛으며 좌외수로 목 부위를 타격하고 우정보로 나가며 우관지로 가슴 부위를 타격한다. **좌외수, 우관지, 인영혈, 유중혈**

❷ 우외족으로 우방 턱 부위를 타격하고 우족 내려딛으며 동시에 좌긍족으로 명치 부위를 타격한다. **우외족, 좌긍족, 염천혈, 구미혈**

❸ 좌족 전방으로 옮겨 딛으며 우내족 앞돌려 면상 부위를 타격하고 우족 내리며 동시에 좌족 나가 앉으며 좌중골로 명치 부위를 타격한다. **우내족앞돌려, 앉으며좌중골, 하관혈, 구미혈**

❹ 일어서며 몸 우향으로 틀어 뒤로 돌아 우내수로 후방 턱 부위를 올려 타격하고 동시에 좌광족으로 밀어 가슴 부위를 타격한다. **우내수, 좌광족, 염천혈, 전중혈**

❺ 좌향으로 몸 틀어 돌아 좌족 내려딛으며 우족 좌전방으로 나가며 우합관으로 면상 부위를 타격하고 동시에 좌학골로 명치 부위를 타격한다. **우합관, 좌학골, 인중혈, 구미혈**

❻ 좌족 내려딛으며 우향으로 몸 틀어 우족 우후방으로 옮겨놓으며 우전관으로 목 부위를 타격하고 동시에 좌외족 앞돌려 면상 부위를 타격한다. **우전관, 좌외족앞돌려, 수돌혈, 하관혈**

❼ 좌족 우전방에 내려딛으며 우족관으로 우전방 명치 부위를 타격하고 우족 내려딛으며 몸 틀어 좌후족으로 가슴 부위를 타격한다. **우족관, 좌후족, 구미혈, 전중혈**

❽ 좌족 좌후방으로 내려딛으며 좌측 어깨 부위 땅에 대고 몸 굴러 일어서며 우외수로 목 부위를 타격하고 좌족 나가며 좌관지로 가슴 부위를 타격한다. **우외수, 좌관지, 인영혈, 유중혈**

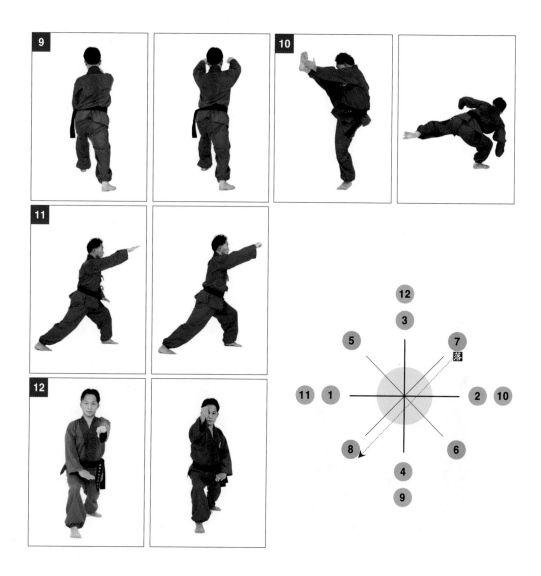

❾ 좌족 후방으로 옮겨 딛으며 우수장으로 가슴 부위를 타격하고 동시에 쌍전관으로 각각 면상 좌우를 타격한다. **우수장, 쌍전관, 전중혈, 객주인혈**

❿ 좌향으로 몸 틀며 우내족으로 우방 면상 부위를 타격하고 동시에 앉으며 좌원족 뒤돌려 다리를 후려 타격한다. **우내족, 앉으며뒤돌려좌원족, 하관혈, 양교혈**

⓫ 좌방으로 일어서며 우수부로 목 부위를 타격하고 동시에 쌍전관으로 각각 좌우 귀 앞 부위를 타격한다. **우수부, 쌍전관, 천돌혈, 청궁혈**

⓬ 상체 숙여 전방으로 우족 옮겨 딛으며 몸 틀어 동시에 좌전관 옆구리 타격하고 동시에 우타관으로 두정 부위를 위에서 타격한다. **좌전관, 우타관, 경문혈, 신정혈**

◉ 우족 원위치하며 준비자세

❶ 준비자세에서 돌단자리 숨쉬기를 하며 좌광족으로 전방 가슴 부위를 밀어 타격하고 좌족 내려딛으며 동시에 우긍족으로 턱 부위를 타격한다. **좌광족, 우긍족, 전중혈, 염천혈**

❷ 우족 후방으로 옮겨 딛으며 좌전관으로 목 부위를 타격하고 동시에 우족관 돌려 면상 부위를 타격한다. **좌전관, 우족관, 인영혈, 하관혈**

❸ 우족 좌방에 내려딛으며 좌족정으로 옆구리 부위를 타격하고 몸 우향으로 틀며 우후족으로 명치 부위를 타격한다. **좌족정, 우후족, 장문혈, 구미혈**

❹ 우족 우방에 내려딛으며 좌족관 뒤돌려 옆구리 타격하고 동시에 우광족으로 밀어 면상 부위를 타격한다. **좌족관뒤돌려, 우광족, 경문혈, 인중혈**

❺ 우족을 좌족 뒤로 내려딛으며 우향으로 몸 틀어 돌아 좌합족으로 좌전방 명치 부위를 타격하고 우족 나가며 쌍수장으로 가슴 부위를 타격한다. **좌합족, 쌍수장, 구미혈, 유중혈**

❻ 우족 우전방으로 옮겨 딛으며 동시에 우합관으로 면상 부위를 타격하고 동시에 좌족정으로 옆구리를 타격한다. **우합관, 좌족정, 인중혈, 장문혈**

❼ 좌족을 우족 뒤로 옮겨 딛고 좌향으로 몸 틀며 우내족으로 우후방 면상을 타격하고 우족 내려딛으며 우수 상단 방어하고 동시에 좌명관으로 겨드랑이를 타격한다. **우내족, 우수상단방어동시좌명관, 하관혈, 극천혈**

❽ 좌향으로 몸 틀며 좌족 좌후방에 옮겨 딛으며 좌외수로 목 부위를 타격하고 동시에 우족판으로 뒷목 옆 부위를 타격한다. **좌외수, 우족판, 수돌혈, 아문혈, 천주혈**

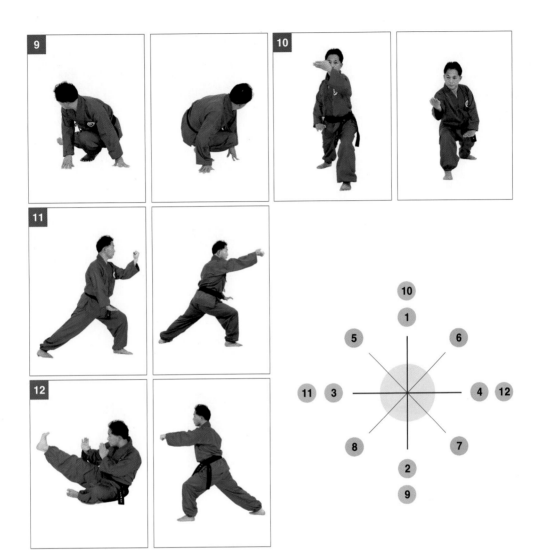

❾ 우족 좌후방에 내려딛고 동시에 좌족 좌후방으로 무릎 세워 앉으며 우원족 뒤돌려 후방 옆구리 후려 차고 우족 무릎 세워 앉은 채로 좌족판 앞돌려 발목을 후려차며 타격한다. **앉으며우원족뒤돌려, 앉은 채좌족판앞돌려, 경문혈, 양교혈**

❿ 일어서 좌족 전방으로 나가면서 좌내수 올려 목 부위를 타격하고 우족 나가며 우내수로 옆구리를 타격한다. **좌내수, 우내수, 수돌혈, 장문혈**

⓫ 우족을 좌방 좌족 뒤로 옮겨 딛으며 좌합관으로 면상을 타격하고 우족 나가며 우장골로 턱 부위를 타격한다. **좌합관, 우장골, 인중혈, 염천혈**

⓬ 몸과 함께 좌향으로 양발 틀어 돌아 우방으로 우측 어깨 땅에 대고 몸 굴러 누워 우족관으로 복부 부위를 타격하고 일어서며 앞으로 나가 좌정관으로 명치 부위를 타격한다. **누워우족관, 좌정관, 중완혈, 구미혈**

◉ 좌족 원위치하며 준비자세

氣化化

應用用

4장

기화 응용편

기화집타법 | 건강호흡행공법 | 국무형 | 격파

1. 기화집타법氣化執打法

기화집타법은 상대방이 행하는 동작을 반대로 이용하여 풀어나가며 때로는 잡고 때로는 그대로 몸을 틀면서 급소를 타격하는 호신護身의 방법으로서 술기術技가 많으나 여기서는 기초적인 몇 가지 동작을 알아본다. 혈을 잘 익히고 상대의 허실虛實을 알고 행해야 효과가 크다.

상대방이 악수를 하는 척 하면서 한 손으로 공격하면 상대의 엄지손가락 소상혈 하少商穴下를 바짝 누르며 몸을 오른쪽으로 낮춰 틀면서 좌중골로 상대의 경문혈을 타격한다. 연속 동작일 때는 우장관으로 상대의 수돌혈을 타격하기도 한다.

2

상대방이 손목을 쥐면 갑자기 손가락을 쫙 펴서 상대방의 손이 열려 있는 쪽으로 팔을 뻗고 상대방이 손목을 놓치면 이때 즉시 좌정관으로 옆구리를 타격한다.

기
화
응
용
편

3

상대가 멱살을 잡으면 잡은 손의 새끼손가락 부위를 감싸 쥐고 틀면서 좌중골로 상대의 장문혈을 타격하되 좌수의 모습은 수시로 바꿔 사용한다.

4

상대가 뒤에서 어깨를 잡으면 양팔을 들었다 몸과 함께 낮추며 관골로 복부를 타격한다.

5

상대가 뒤에서 끌어안으면 양팔을 벌려 번쩍 들었다 몸을 낮추며 뒤틀어 좌관골로 옆구리를 타격하거나 우수전골로 턱 또는 목을 타격한다.

국선도 무예 교본

상대가 우긍족으로 앞을 타격하면 양손 엇걸어 하단 막고 동시에 상대가 우정관으로 상단을 공격하면 엇걸어 상단 막고 동시에 우측으로 꺾어 들어가며 발을 들어 가랑이 사이로 상대 팔을 집어넣어 앉으며 꺾는다.

상대가 우정관으로 공격하면 좌수전골로 상단을 방어하고 동시에 우외수로 상대의 수돌혈을 타격하고 다시 손목 당겨 상대의 인영혈을 타격하고 뒤로 돌아 좌관골로 상대의 전중혈을 타격한다.

8

상대가 우긍족으로 앞을 타격하고 들어오면 좌수장으로 쳐내고 좌외수로 상대의 옆구리를 타격하며 동시에 목을 타격한 뒤 상대의 좌측 어깨 옷깃을 잡고 우족으로 무릎 안쪽(위중혈)을 밀어 넘겨 상대가 넘어지면 주먹으로 인중혈을 타격한다.

9

상대가 오른 주먹으로 공격하면 좌수전골로 상단을 방어하거나 우수전골로 상단을 방어하고 뒤로 돌아 좌관골로 치고 허리 숙여 상대의 발목을 잡고 뒤로 넘겨 발목 및 무릎을 꺾는다.

상대가 우족으로 돌려차
며 들어오면 좌내수 손목
에 상대방 다리를 걸고
우족으로 상대의 반대쪽
발을 걸어 넘기며 상대의
구미혈을 타격한다.

상대가 두 손으로 어깨를
잡으러 들어오면 쌍외수
로 쳐내고 양수로 상대
머리를 잡으며 우학골로
상대방 머리를 타격하고
우족으로 걸어 넘기며 상
대를 무릎에 올려놓고 우
관골로 상대의 전중혈을
타격한다.

상대가 우정관으로 공격하면 우내족으로 걷어내고 동시에 우외족으로 상대의 턱을 타격하고 이어서 뛰며 족관으로 상대의 가슴을 타격한다.

국선도 무예 교본

13

상대가 앞에서 두 손목을 잡으면 양손을 옆으로 약간 벌리며 우측으로 빠져나가 상대 우수를 꺾고 우합족으로 상대 면상을 타격하고 우측 겨드랑이로 목을 돌려 감아 잡아 꺾는다.

14

상대가 우정관으로 면상을 공격하면 좌수장으로 막고 좌정관으로 공격하면 우수장으로 막고 동시에 상대의 팔을 꺾어 우족 뒤꿈치로 상대방 정강이를 타격해 걸어 넘겨 제압한다.

기 화 응 용 편

15

상대가 우정관으로 공격하면 좌측으로 빠지며 한 바퀴 돌아 우합족으로 상대의 명치를 돌려차고 이어서 우압족으로 상대의 지양혈(흉추 7번)을 내려 타격한다.

상대가 우정관으로 공격
하면 좌긍족으로 상대 팔
꿈치를 타격하고 이어서
우외족으로 상대 경문혈을
타격하고 뛰며 회전하여
족판으로 상대방 면상(하
관혈)을 타격한다.

상대가 우족으로 앞을 타
격하고 들어오면 우광족으
로 내려 밟아 막으며 이어
서 좌긍족으로 상대의 턱
을 타격하고 동시에 뛰며
우내족 앞돌려 객주인혈
(관자놀이)을 타격한다.

상대가 우외족으로 들어
오면 좌측으로 약간 빠지
며 우수전골로 상대의 들
어오는 옆차기를 막고 쳐
내며 우외족으로 상대방
무릎 안쪽을 타격하고 상
대가 주저앉으면 목을 감
아 넘겨 제압한다.

기
화
응
용
편

상대가 우족으로 돌려차
며 공격하면 우측으로 빠
지며 우수장으로 쳐내고
동시에 상대가 우정관으
로 얼굴을 공격하면 좌외
수로 막고 동시에 들어가
며 우장골로 상대의 턱을
젖혀 꺾는다.

상대가 우정관으로 공격
해 들어오면 우내족으로
걷어내고 이어서 상대가
우족으로 앞을 타격하면
우외족으로 정강이를 타
격해서 방어하되 우족 내
리지 말고 동시에 우광족
으로 상대의 면상을 후려
타격한다.

2. 건강호흡행공법健康呼吸行功法(노궁혈勞宮穴과 용천혈湧泉穴 밀기)

● 준비자세
양발을 11자 되게 어깨 너비로 벌리고 양수는 가슴 부위에서 교차하며 척추, 목, 머리 등은 반듯이 하고 눈은 정면을 바라보고 입은 다물고 선다. 돌단자리 숨쉬기를 하면서 서서히 모든 동작을 행한다.

● 양수 쌍장 전방으로 노궁혈 밀기
준비자세에서 좌족 좌측으로 옮겨놓으며 어깨 너비 기마자세를 하고 양수 손바닥이 앞을 향하고 손가락 끝이 위로 향하게 하여 쌍장(노궁혈)을 전방으로 민다.

● 용천혈 전방으로 밀기(좌)
좌족을 당겨 들고 발바닥은 전방을 향하고 발끝은 위를 향하게 하여 일직선 상태를 유지하며 발바닥 용천혈을 민다.

● 용천혈 전방으로 밀기(우)
좌족을 어깨 너비 원위치로 내려딛으며 동시에 우족을 들어 3번과 동일하게 행한다.

4

◉ 양수 쌍장 45도 나가며 노궁혈 밀기(좌)
 우족 어깨 너비 원위치로 내려딛으며 좌족 당겼다가 좌측 앞으로
 45도 나가며 자세 낮추고 쌍장(노궁혈)을 민다. 손바닥은 앞을 향
 하고 손끝은 위를 향한다.

◉ 양수 쌍장 45도 나가며 노궁혈 밀기(우)
 좌족 당겨 어깨 너비 원위치하며 우족 들어 우측 앞으로 45도 나가며
 5번과 동일하게 행한다.

◉ 쌍장(노궁혈) 모으기
 우족 당겨 어깨 너비 원위치하며 좌족을 좌측으로 옮겨놓으며 기마
 자세를 취하고 양수 앞으로 뻗으며 벌렸다가 쌍장(노궁혈)을 모은다.

◉ 양수(노궁혈) 주먹을 쥐어 당기기
 7번 상태에서 양수 주먹을 말아 쥐어 옆구리 쪽으로 당긴다.

⊙ 쌍장(노궁혈) 하늘 받쳐 올리기

좌족 당겼다 좌측으로 옮겨놓으며 기마자세로 하늘을 받쳐 올린다. 양수 손바닥은 하늘을 향한다.

⊙ 쌍장(노궁혈) 좌우 옆으로 밀기

좌족 당겼다가 다시 옮겨놓으며 기마자세 취하며 좌수는 좌측 옆으로 우수는 우측 옆으로 동시에 민다. 손바닥 옆을 향하고 손끝은 위를 향한다.

⊙ 노궁혈 밀며 활시위 당기기(좌)

좌족 당겼다 좌측으로 옮겨 딛으며 자세 낮추고 정보 자세에서 좌수(노궁혈)를 좌측 옆으로 밀고 우수는 활시위를 당기며 점차 위를 향하여 당기는데 이때 후보 자세를 취한다.

⊙ 노궁혈 밀며 활시위 당기기(우)

좌족은 어깨 너비 원위치하여 우족 당겼다 우측으로 옮겨 딛으며 자세 낮추고 정보 자세에서 우수(노궁혈)를 우측 옆으로 밀고 좌수는 11번과 동일하게 하고 이때 후보 자세를 취한다.

10

◉ **용천혈 옆으로 밀기(좌)**
우족 어깨 너비 원위치하며 좌족 당겨 들어 발바닥(용천혈)이 옆을 향하게 한 채 좌측 옆으로 일직 상태를 유지하며 민다. 발가락 끝을 당겨준다.

◉ **용천혈 옆으로 밀기(우)**
좌족 어깨 너비 원위치하고 우족 들어 우측 옆으로 13번과 동일하게 행한다.

◉ **상체 틀며 양수 노궁혈 밀기(좌)**
우족 어깨 너비 원위치하고 좌족 들어 좌측으로 기마자세 옮겨놓으며 몸을 좌측으로 트는데 좌수(노궁혈) 먼저 좌측으로 틀어가고 좌족은 무릎 굽히고 우족은 펴면서 밀며 우수(노궁혈)는 따라가며 민다. 몸을 바짝 틀어간다. 손바닥은 앞을 향하고 손끝은 위를 향한다.

◉ **상체 틀며 양수 노궁혈 밀기(우)**
좌족 어깨 너비 원위치하며 우족 들어 우측으로 기마자세 옮겨놓으며 몸을 우측으로 트는데 우수(노궁혈) 먼저 우측으로 틀어가고 우족은 무릎 굽히고 좌족은 펴면서 밀며 좌수(노궁혈)는 15번과 동일하게 행한다.

◉ 양수 모아서 하단전 기 모으기

좌족 당겼다 좌측으로 놓으며 기마자세를 취하고 양수를 모아 하단
전에 기를 모은다.

◉ 준비자세

기
화
응
용
편

3. 국무형國武型

　　국무형은 국선도의 무예형과 대한특공무술협회의 무예형을 혼합한 것으로
'T'형으로 이루어졌다.

1 돌단자리 숨쉬기를 하며 서서히 양발 어깨 너비 11자가 되게 발을
벌리고 눈은 반개半開하고 양손 모아 가슴 부위에서 합장하고 돌단
에 기를 모은다.

2 좌족 후방으로 멀리 딛으며 자세 바짝 낮춰 우수장으로 전방 명치
부위를 타격하고 좌수는 회음 부위를 방어한다. **우원후보, 우수장,
구미혈**

3 좌족 좌방으로 멀리 딛으며 자세 바짝 낮춰 양손 크게 돌려 막으며
(옆으로) 우수장은 우방으로 옆구리 부위를 타격하고 좌수는 회음
부위를 방어한다. **우원후보, 우수장, 일월혈**

4

좌족 우방으로 나가며 우수장은 회음 부위를 타격하고 좌수는 우수를 받쳐준다. **좌정보, 우수장, 회음혈**

5

우향으로 몸 뒤로 틀며 돌아 우족 좌방으로 나가며 우합골로 복부를 타격하고 좌수는 회음 부위를 방어한다. **우정보, 우합골, 중완혈**

6

좌족 좌방으로 나가며 좌정관으로 면상을 타격하고 우수는 회음 부위를 방어한다. **좌정보, 좌정관, 인중혈**

7

우향으로 몸 틀며 전방 좌족 당겨 들어 우족 무릎 안쪽에 대고 서서 양수 교차하며 상단 방어한다.

8

좌족 좌방으로 내려딛으며 우중골 올려 명치 부위를 타격하고 좌수는 우수를 받쳐준다. **좌정보, 우중골, 구미혈**

9

7번과 같다.

10

좌족 좌방으로 내려딛으며 우내수로 면상(관자놀이) 부위를 아래에서 위로 타격하고 좌수는 우수를 받쳐준다. **좌정보, 우내수, 객주인혈**

11

우족 좌방으로 나가며 우외수로 면상을 타격하고 좌수는 회음 부위를 방어한다. **우정보, 우외수, 인중혈**

12

좌향으로 몸 틀어 좌족 움직여 후방으로 기마자세 취하며 우외수로 옆구리 부위를 타격하고 좌수는 우수를 받쳐준다. **우외수, 장문혈**

13

좌향으로 몸 틀어 우족 뒤로 옮겨 딛으며 우후보로 자세 낮추고 우수전골로 우방 하단 방어하고 좌수는 옆구리에 댄다. **우후보**

14

13번 자세에서 우수전골로 상단을 방어한다. **우후보**

15

제자리에서 상체 우향으로 틀어 정보 취하며 좌수장으로 우방 명치 부위를 타격하고 우수는 회음 부위를 타격한다. **우정보, 좌수장, 구미혈**

16

좌족 들어 우족 무릎 안쪽에 대고 서서 우방으로 좌수전골 돌려 막고 우수는 옆구리에 댄다.

17

좌족 우방으로 나가며 우수장으로 명치 부위를 타격하고 좌수는 회음 부위를 방어한다. **좌정보, 우수장, 구미혈**

18

좌방으로 후보 자세 취하는 듯하다 반동으로 우족 우방으로 뛰어나 가며 좌수는 우수를 받치고 우내수로 목 부위를 타격한다. **우원보, 정보, 우내수, 인영혈**

19

18번 자세에 이어서 좌족 우방으로 뛰어나가며 좌외수로 목 부위를 타격하고 우수는 좌수를 받쳐준다. **좌원보, 좌정보, 좌외수, 인영혈**

우족 우방으로 나가며 우후보로 낮추며 우수전골로 상단 방어하고 좌수는 옆구리에 댄다.

20번 자세에서 우수전골로 하단 방어한다.

좌향으로 몸 틀어 돌며 좌족을 우족 뒤로 옮겨 딛고 우후보로 낮추며 좌방 우장골(옆으로)로 턱 부위를 타격하고 좌수는 회음 부위를 방어한다. **우후보, 우장골, 하관혈**

좌방으로 좌족 들어 우족 무릎 안쪽에 대고 서서 양수 교차하여 상단 방어한다.

24

좌족 좌방으로 나가며 쌍수장으로 복부 부위를 타격한다. **좌원정보, 쌍수장, 기문혈**

25

좌방으로 우족 들어 좌족 무릎 안쪽에 대고 서서 양수 교차하여 상단 방어한다.

26

우족 좌방으로 나가며 쌍수장으로 복부 부위를 타격한다. **우원정보, 쌍수장, 기문혈**

27

좌족 당겨 우족 무릎 안쪽에 대고 자세 낮춰 양손 교차하여 상단 방어한다.

28

좌족 후방으로 내려딛으며 좌외수로 목 부위를 타격하고 우수는 회음 부위를 방어한다. **좌정보, 좌외수, 수돌혈**

29

우족판으로 후방 하체를 타격한다. **우족판, 독비혈, 위중혈**

30

우족 후방에 내려딛으며 동시에 뛰어 좌합족으로 복부를 타격하고 동시에 우긍족으로 턱 부위를 타격한다. **뛰어좌합족, 우긍족, 중완혈, 염천혈**

31

우족 후방에 내려딛으며 동시에 좌내족으로 면상 부위를 앞돌려 타격한다. **좌내족앞돌려, 하관혈**

32

좌족 후방에 내려딛으며 동시에 몸 우향으로 틀어 돌며 우원족 뒤돌려 옆구리 부위를 타격하고 전방으로 돌아 우후보로 낮추며 양수 공방 자세를 취한다. **우원족뒤돌려, 우후보, 경문혈**

33

좌족 전방으로 돌아 뛰어나가며 우수는 좌수 받치며 좌내수로 목 부위를 타격한다. **좌원보, 전보, 좌내수, 수돌혈**

34 33번 자세에 이어서 우족 전방으로 뛰어나가며 좌수는 우수 받치고 우외수로 목 부위를 타격한다. **우원보, 우정보, 우외수, 수돌혈**

35 전방 우정보 상태에서 우수로 상대를 잡아 끌어당기며 동시에 좌외수로 목 부위를 타격한다. **우정보, 좌외수, 천돌혈**

36 우후보 자세로 낮추며 좌수로 전방 하단을 방어하고 동시에 우관지로 면상 부위를 타격한다. **우후보, 우관지, 정명혈, 인중혈**

좌족 당겨 원위치하며 양수 합장한다.

4. 격파擊破

◉ 송판 격파

1) 장지

2) 수부

3) 중관

4) 전관

5) 장골

국 선 도 무 예 교 본

6) 외족

7) 합족

8) 긍족

9) 압족

10) 두정

기
화
응
용
편

國仟道武藝協會

Kouksundo Martial Arts Association